西来东往无尽期

中西科学交流使者

王 静 李 斌 编

中原出版传媒集团
中原传媒股份公司
大象出版社
·郑州·

图书在版编目(CIP)数据

西来东往无尽期：中西科学交流使者 / 王静，李斌编. — 郑州：大象出版社，2022. 7
(中外科学家传记丛书 / 王大明，刘兵，李斌主编)
ISBN 978-7-5711-1479-4

Ⅰ. ①西… Ⅱ. ①王… ②李… Ⅲ. ①科学家-列传-世界 Ⅳ. ①K816. 1

中国版本图书馆 CIP 数据核字(2022)第 097110 号

中外科学家传记丛书

西来东往无尽期 中西科学交流使者

XILAIDONGWANG WUJINQI ZHONGXI KEXUE JIAOLIU SHIZHE

王 静 李 斌 编

出 版 人 汪林中
项目策划 李光洁
项目统筹 成 艳 陶 慧
责任编辑 王大卫
责任校对 牛志远
装帧设计 王莉娟

出版发行 大象出版社(郑州市郑东新区祥盛街 27 号 邮政编码 450016)
发行科 0371-63863551 总编室 0371-65597936
网 址 www.daxiang.cn
印 刷 河南瑞之光印刷股份有限公司
经 销 各地新华书店经销
开 本 890 mm×1240 mm 1/32
印 张 7
字 数 146 千字
版 次 2022 年 7 月第 1 版 2022 年 7 月第 1 次印刷
定 价 25.00 元

印厂地址 武陟县产业集聚区东区(詹店镇)泰安路与昌平路交叉口
邮政编码 454950 电话 0371-63956290

总 序

马克思和恩格斯合写于19世纪40年代的《共产党宣言》中，曾有这样一段生动的描述：“自然力的征服，机器的采用，化学在工业和农业中的应用，轮船的行驶，铁路的通行，电报的使用，整个整个大陆的开垦，河川的通航，仿佛用法术从地下呼唤出来的大量人口——过去哪一个世纪料想到在社会劳动里蕴藏有这样的生产力呢？”马克思和恩格斯说的那一切，还不过是19世纪的景况。到了21世纪的今天，随着核能、电子、生物、信息、人工智能等各种前人闻所未闻的科学技术的飞速发展，人类社会面貌进一步发生了翻天覆地的甚至马克思那个年代都无法想象的巨变。造成所有这一切改变的最根本原因，毫无疑问，就是科学技术。而几百年来，推动科学技术发展的直接力量，就是一大批科学家和技术专家。

中国是这几百年来世界科学技术革命和现代化的后知后觉者，从16世纪末期最初接触近代自然科学又浅尝辄止，到19世纪中期晚清时代坚船利炮威胁下的西学东渐，再到20世纪初期对“德先生”和“赛先生”的热切呼唤，经过几百年的尝试，特别是近几十年的努力，已逐渐赶上世界发展的潮流，甚至最近还有后来者居上的势头。例如，中国目前不但在经济总量上居于世界第二的地位，而且在科学研究的多个前沿领域也已经名列国际前茅；有些方面，比如科学论文的数量，仅次于美国而居世界第二；最可贵的是，中国已经形成了一支人数众多、质量上乘的科研队伍。

利用科学技术来推动社会经济的发展，中国已经尝到了巨大甜头，科学技术是第一生产力的观点深入人心。从政府到民间，大家普遍关心如何进一步落实科教兴国战略、推动创新促进发展，使中国在科技创新方面更具竞争优势，培养和造就出更多的科技创新人才，使中国在现代化道路上能走得更长远、更健康。

为实现上述目标，一方面需要提高专业科学研究队伍的水平，发扬理性思考、刻苦钻研、求真求实、勇于创新的科学精神；另一方面也需要增强和培育整个社会的公众科学素养，造就学科学、爱科学，支持创新、尊重人才的文化氛围。这套“中外科学家传记丛书”的编辑和出版，就是出于这样的考虑。

通过阅读和学习科学家传记，一是可以更深刻地理解科学家们特别是那些在重大历史转折关头做出了伟大贡献的科学家的科学思想和创新方法，二是可以更鲜活地了解到科学家们的科学精神和品格作风，三是可以从科学家们的各种成长经历中得到启发。

本丛书所收录的200多位中外著名科学家（个别其他学者）的传记，全部都来自中国科学院1979年创刊的《自然辩证法通讯》杂志。该杂志从创刊伊始就设立了一个科学家人物评传的固定栏目，迄今已逾四十年，先后刊登了200多篇古今中外科学家的传记，其中包括文艺复兴时期的欧洲科学家、远渡重洋将最初的西方近代科学知识带到中国的欧洲传教士，当然大部分都是现代科学家，例如数学领域的希尔伯特、哈代、陈省身、吴文俊等，物理学领域的玻尔、普朗克、薛定谔、海森伯、钱三强、束星北、王淦昌等，以及天文学、地学、生物学、计算机科学和若干工程领域的科学家。值得指出的是，这些传记文章的作者，大都是在相关领域学有专长的专家学者。例如：写过多篇数学家传记的胡作玄先生，是中国科学院原系统科学研究所的研究员；写过多篇物理学家传记的戈革先生，是中国石油大学的物理学教授；此外还有北京大学、清华大学、上海交通大学、中国科技大学等多所国内著名大学的教授，以及中国科学院、中国医学科学院和中国科技协会等研究机构的专家。所以，这些传记文章从专业和普及两个角度看，其数量之多、涉及领域之广、内容质量之上乘、可读性之强，在国内的中外科学家群体传记中都可以说是无出其右者。

考虑到读者对象的广泛性，本丛书对原刊物传记文章进行了重新整理编辑，主要集中在如下几个方面：一是在总体设计上，丛书共分 30 册，每册收录 8 个人物传记；二是基本按照学科领域来划分各个分册；三是每分册中的人物大致参考历史顺序或学术地位来编排；四是为照顾阅读的连续性，将原刊物文章中的所有参考资料一律转移到每分册的最后，并增加人名对照表。

当前，中国正处在从制造大国向创造大国转变、急需更多科技创新和科技人才的重要历史时刻，希望本丛书的出版对于实现这个伟大目标有所裨益，也希望对广大青少年和其他读者的学习生活有所帮助。

目 录

利玛窦

西学东渐第一师

利玛窦

（Matteo Ricci，1552—1610）

在阜成门外北京市社会科学研究所院落内的幽深处，可以看到一块被松柏和冬青环绕的墓地。正中竖立的石碑上，顶部浮雕图案为中国的双蟠龙和天主教的十字架，四缘花纹是朵朵白云，可能是象征着上帝的所在。碑面上有用中文和拉丁文分别刻写的碑文，中文的大字是：耶稣会士利公之墓。

利公，即利玛窦。关于这位传教士的生涯与业绩，人们似乎已经说过和写过很多，但于众说纷纭之中，还是有必要再来说和写的。

一、“海刺猬”东渡

在世界近代史上，与“地理大发现”相衔接的重大事件是 16 世纪初的宗教改革运动。作为迎接路德新教的挑战而于 1540 年成立的耶稣会，致力于复兴天主教，在反对宗教改革中实施着自己设计的改革。它把主要活动面向海外的广阔世界，尤其是渗透到各国宫廷上层，为此大力兴办学校，重视学术，注重掌握知识分子。

按 1494 年签订的《托尔德西里亚斯条约》，葡萄牙把印度洋划为自己的势力范围，同时也向罗马教廷索取了在新占领土上管理传教活动的“保教权”。1542 年，耶稣会的元老会士圣方济各·沙勿略，东渡到印度的果阿创设天主教修院，后转至新加坡、马六甲、日本传教。他发现日本以中国为师，欲在远东传教，就必须先在中国打开局面，遂于 1551 年搭船至中国广东海岸的上川岛。明朝海禁甚严，他无法登陆，因此发出了“磐石，磐石，何时能开”的叹息，不久即病逝于岛上。

自 1553 年葡萄牙商人赖居澳门之后，传教士也接踵而至，多次派人打入内地，均未能立足。1573 年，范礼安充任耶稣会的远东教务视察员。他到澳门做了一番调查之后，提出到中国传教应采取特殊方式。按他的部署，罗明坚和利玛窦成为按新方案活动的试行者。

利玛窦，在意大利文中本名为 Matteo Ricci，按现行译名法，应音译为马泰奥·利奇。他为在中国活动方便取汉名为“利玛窦”，以 Ricci 第一音节的译音冠于前为“利”，将 Matteo 音译为两个汉字“玛窦”。他还按中国人的习惯取表字“西泰”，是“泰西”的颠倒，泰西即“大西”，喻其来自西方远处。

1552 年 10 月 6 日，利玛窦生于意大利的马切拉塔城。利奇家族是该城的望族。ricci 意为“海刺猬”，这个家族也正是以海刺猬为族徽的。利玛窦的父亲从医，曾在教皇国中任市长和省长。父亲希望儿子日后从政，所以在利玛窦 15 岁时父亲送他到罗马大学法学院学习。利玛窦在此期间加入了耶稣会，并违背父愿于 1572 年到耶稣会创办的罗马学院学习。

罗马学院采取当时大学的学制。利玛窦在这里学习了欧氏几何前 6 卷、实用算术、地理学、行星论、透视画法以及制作地球仪、天文观测仪器和钟表的技术。

在校执教的老师中，对利玛窦影响最大的是克拉维斯。此公生于德国，学识渊博，是全世界现行公历（格里历）的主要制订者之一。他一生著述颇丰，利玛窦入华后的译述多根据他的著作。clavi-，在拉丁语中有“钉状”的含义，中国古字中“丁”通“钉”，所以克拉维斯见于中国史籍时被称为“丁先生”。

方济各·沙勿略死于中国上川岛时，利玛窦是刚生下才两个月的婴儿。在罗马求学期间，沙勿略到远东传教的故事就像哥伦布和麦哲伦的英雄业绩那样使这位年轻人激动不已。这激励使他后来能百折不挠地去闯一条充满风险的路，去完成沙勿略未竟的事业。

1577 年 5 月，利玛窦与罗明坚奉命从罗马到里斯本，翌年 3 月与同会传教士 14 人东渡，9 月到果阿。1582 年 8 月 7 日到澳门。他用一年时间学习中文和了解中国风俗，1583 年夏，随先期入华的罗明坚到广东省香山县交涉入居事宜。这是他首次入中国内地，中西文化交流史也由此写出崭新的篇章。

二、“合儒”传教的探索

因为佛教在中国盛行，“西僧”自古有之，罗明坚率先以和尚装束入华活动，有相当的方便。利玛窦初来时，也随罗明坚剃去须发，穿上僧装。他们见中国地方官，称自己来自西方最远处，不问澳门商务，信奉天主教，为中国的盛名和光辉所吸引，特请允准在肇庆居住。获准后在城东的西江畔“小市石顶”建宅，肇庆知府王泮曾派人送来两块匾，一为“仙花寺”，一为“西来净土”。有许多人到“寺”里进香，布施灯油和食品。

刚刚住定不久，罗明坚就急于到浙江绍兴、广西桂林开展传教活动，结果是接连碰壁，也招致了肇庆官员的不满，曾一度被下逐客令。罗明坚于 1588 年回罗马，利玛窦也于第二年被迫迁居广东韶州。

利玛窦总结在肇庆的教训，决计不像罗明坚那样急于追求教徒数量的迅速增加，而是注重传教手段的创新。他用大部分时间钻研儒家经典，用拉丁文译完了《四书》，还苦练中国书法，学习用中文写文章，与士大夫广泛交往。当时寓居在南雄的中国学者瞿太素，从利玛窦习西学，成为他的崇拜者和得力助手。瞿太素建议利玛窦采取儒家学者的生活方式，一方面因为他们身穿僧装时，普通百姓分不清他们与佛教徒之间的差别；另一方面，能识其不同的士大夫们，与他们交往时又存在着舆论和礼仪上的障碍。经耶稣会负责人的批准，利玛窦从 1594 年起留须蓄发，脱掉袈裟，头戴方巾，身着儒士的丝袍，按儒士的礼仪迎来送往，废除了僧侣称呼，仆人们也要改称他为“老爷”。

在韶州的 6 年时间里，利玛窦打下了坚实的汉学基础，开始了传教策略上的重要转变。

耶稣会命利玛窦寻机进京，尽快直接与朝廷建立联系。1595 年，他随兵部侍郎石某北上，到江西南安乘船，水上两经风险。石侍郎中途变卦，让利玛窦改道去南京。当时正值中国军队在朝鲜战场上对日本作战失利，接待外国人者易招通敌之嫌。他在南京难以容身，就到南昌避居 3 年。

利玛窦在南昌结交了建安王朱多㸅、白鹿书院山长章潢等极有身份的人物，接待了大批来访者，传授天文、数学和记忆术等方面的知识，撰写了《西国记法》和《交友论》等，由中国朋友刊印，广泛流传，成功地在士大夫中间赢得了声望。到离开南昌时，他认识的朋友已遍及于当时十五省中的十省。

1597 年，利玛窦被任命为耶稣会中国教区会督，着手筹划进京朝贡。翌年由南京沿运河北上，赶在神宗皇帝生日之前到达北京，但因求见无门，无奈又于 1599 年初折回南京。

南京是明朝的“留都”，也设有六部衙门。利玛窦在此期间与各级重要人物都有交往，叶向高、李贽、徐光启等都是在这里结识的。在南京礼部官员祝石林的关照下，他于 1600 年 5 月再次进京朝贡，中途受权阉马堂的控制，曾被禁于天津卫，最后于 1601 年 1 月 24 日到达北京。又经几番波折之后，才获准在北京居住，1605 年在宣武门内东城隅买房建堂。

到北京之后，利玛窦仍未急于放手发展新教徒。他构想在中国传教“不是以中国人对宗教的倾慕为基础”，而是“以儒教与自然法则的一致性”为基础。他说：“把儒士派的大多数吸引到我们的观点方面来具有很大的好处，他们拥护孔夫子，所以（我们）可以对孔夫子著作中所遗留下的这种或那种不肯定的东西作出有利于我们的解释。这样一来，我们的人就可以博得儒士们的极大好感。”在这种“六经注我”式的思想支配下，利玛窦在北京撰写和刊印了《天主实义》《二十五言》《畸人十篇》等，皆采取阐述圣贤之道的姿态，尊儒而斥佛老，尊先儒而斥近儒。这正是“他以基督教与中国传统相结合的一种巧妙方式”。

这种“合儒”策略与徐光启辈开明士大夫的“易佛补儒”目的之间，有着广阔的结合部，如果历史真正能让这种结合延续下去，以有自己悠久传统和强大同化能力的中国文化而论，根本不可能如利玛窦所想实现中国的基督化，有可能的倒是基督教的中国化，即形成中国式的“易佛补儒”的基督教，就像历史上中国没有佛教化，而是实现了佛教的中国化，即形成中国佛教那样。

三、奇货——可“居”！

明代海禁政策很严，外国人即便是朝贡者，入华路线、朝贡次数、活动范围和逗留期限都有严格规定。利玛窦是靠什么夺关破隘的呢？

利玛窦入华时的明神宗万历年间（1573—1620），皇帝怠于临政，勇于敛财，宫中供他玩赏的尽为奇巧之器，且是日新月异。上有好者，下必甚焉，百官多旷其职，贪污行贿成风，搜求奇货演为上层社会争荣显耀的癖好。利玛窦乃携“奇货”游刃其间，通关最利者是三棱镜和自鸣钟。

他之所以能在中国天子脚下取得立足之处，关键时刻竟是取决于自鸣钟。无怪乎利玛窦在大功垂成之后扬扬得意地认为自鸣钟“成为整个中国议论和羡慕的对象，托上帝之福，它注定要产生迄今仍然是很明显的效果”。

在给神宗皇帝的贡品清单中，有一座齿轮结构的自鸣钟，大小适中，制作精巧，能报出一小时、半小时和一刻钟。另外一座，是钟盘上标出中国时辰，刻有龙图案，装饰华丽。当利玛窦北上途中被软禁于天津卫时，明神宗突然想起问自鸣钟为什么还没有到京，终使利玛窦一行在严冬中得脱于冻馁。入京献贡后，皇帝一直把钟放在自己跟前，负责给钟上发条的小太监也跟着走了红运。

按惯例，外国朝贡者不得在京久留，礼部官员多次上奏让利玛窦等离京，利玛窦则央求恩准在京居住。在双方僵持中，神宗皇帝只把礼部奏折"留中"不理。管理自鸣钟的小太监深知万岁爷爱钟，他们怕应付不了钟出毛病而招致杀身之祸，所以希望利玛窦能长久留京。皇上终于发话：利玛窦可以随意在京居住。应了"奇货可居"这个成语，在这里不妨作另外一种解释——自鸣钟这个"奇货"，使利玛窦"可"在北京"居"住了！

不管是三棱镜，还是自鸣钟，与自然界中的奇珍不同，它们是当时西方文明的产物，被中国人视以为"奇"，表明其间存在着技术上的差距。

计时，在漫长的人类历史中，是始终占有重要位置的技术领域。从原始的计时工具转入机械计时的关键，是发明擒纵器（卡子），它首次出现在723年左右由中国唐代一行和梁令瓒设计的开元水运浑天仪中。

但是本来在世界上曾居领先地位的机械钟制造技术却在明代的桎梏中湮灭失传了。200年后，利玛窦来华时有一段对当时中国计时技术的记述："这个国家只有少数几种测时的仪器，他们所有的这几种都是用水或火来进行测量的。用水的仪器，样子像是个巨大的水罐。用火操作的仪器则是用香灰来测时的，……有几种仪器用轮子制成，用一种戽斗轮来操作，里面用砂代替水。但是所有这些都远不如我们的仪器完美，常常出错，测时不准确。至于日晷，他们知道它从赤道而得名，但还没学会怎样依照纬度的变化摆正日晷。”

在西方，1370 年德国技师亨利·德维克为法国皇帝造出了在宫殿塔楼上以重锤作动力的大机械钟。到 15 世纪末，德国技师亨莱因设计出发条时钟，钟表从此朝小型化发展，16 世纪中期出现了适合家庭用的能打点报时的钟和怀表。利玛窦入华时正是这些技术和产品都已在欧洲有一定程度的普及之后，他本人在罗马学院时就受过制钟技术的训练。

纵观世界历史，一个国家能否产生某种发现和发明固然重要，而能否使这种发现与发明在社会中广泛传播和不断改进则更为重要。明代是中西历史进程中力量对比发生逆转的重要时期，通过利玛窦入贡所表明的中西技术差距，从科技史的角度对内部和外部的原因给出说明，正是今人应担起的责任。人们欢迎从地下文物和库藏典籍中挖掘出一百个、一千个“中国第一”，但也还需要了解这诸多的“中国第一”却何以未能使中国在近代步入强国之林。

四、地圆说与世界地图——地理学的异变

世界各民族在早期文明中都经历过“以我为中心”的时代。“地中海”即谓居世界大地中心之意，可算是一明证。

华夏文化圈处在欧亚大陆东端的相对封闭的地域中，先民们自以为居天下之中心，故有“中国”之称。狭隘的视野以及与周围民族相比所具有的绝对的文化优势，又使我们的祖先把自己的文化视

为普天之下文明的唯一形式。“天下”，分为华夏人居住的中国和夷狄居住的化外之地。地理上华夏居中的“天下观”，政治上君臣等级的“华夷观”，两者相互强化、相互制约，成为紧密的一体。天下、中国、华夏、夷狄……是地理的，也是政治的、文化的、伦理的。至于大地是什么形状，长期流传着多半是伦理哲学、少半是地理学的“天圆地方”说，又从未有人试图去验证它。甚至连认识中国之外未知地域的探险，也只是基于政治需要或宗教热情才有过极为有限次数的跃动。

在上古和中古时代，处于欧亚大陆两端的中国和西欧之间极少交通，有如人之两耳，谈不上什么冲突，大地是何形状于此也无关紧要。然而，当历史即将掠掉中世纪的夜幕时，对于以开放的世界为发展前提的任何一个近代国家来说，在如何认识大地形状的问题上都要彻底完成一次观念上的转变。

地圆说源于有多元文化并存的古希腊文明，当时只为一家之言。在中世纪的欧洲占统治地位的观念是从宗教寰宇观出发，认为大地为圆形平板状。当时广泛流行的世界地图是以耶路撒冷为中心的 T-O 地图。圆平大地为“O”，中间有“T”，一横把圆分为上下两部分，上部是亚洲，一竖将下半圆分为左右两部分，一半是欧洲，一半是非洲，地中海居其间。

葡萄牙的“航海王子”亨利组织大西洋探险的那个时代，一方面，欧洲人还没有冲破中世纪的愚昧，大多数人信奉宗教寰宇观，认为大西洋的尽头是死亡线，船员们不敢突越非洲西海岸的博哈多尔角。另一方面，12 世纪的大翻译运动使古希腊文明首先在欧洲西端露出光芒，托勒密《地理学》中的地圆思想让亨利王子燃起了希望之火。他坚持要船队南进，让人们破除对航海极限的迷信，正因为他相信大地是个球体。在世界地理大发现中，葡萄牙和西班牙的小船队作出了郑和大船队所未曾作出的伟大贡献，从一定意义上也可以说是地圆说的胜利。1522 年麦哲伦船队环球航行结束之后，欧洲人对地圆说的任何怀疑都烟消云散了。

我国晋代就已在地图学上取得了很高的成就，但在利玛窦入华之前却从来没有过一幅可以算作是世界地图的地图。

在利玛窦求学时期，欧洲人用地理大发现的新资料绘制新地图是一大“热门”。麦卡托完成了地图学上的重大改革，于 1569 年建立了圆柱投影法，麦卡托的朋友奥特柳斯采用经曲纬平的平面投影法，于 1570 年出版了第一部世界地图集。利玛窦来华之前，已掌握了这些知识，正是这一优势使他能够在天朝的士大夫面前亮出一幅幅令他们惊讶、好奇、欣羡或愤怒的奇图。

1584 年，在肇庆落成“仙花寺”之后，利玛窦在中堂陈列了许多西洋物品，其中对中国学者最有吸引力的是一幅用欧洲文字标注的世界地图。当参观者得知中国仅仅是偌大世界的一个部分时，因完全囿于已有的“天下”观而使他们感到迷惑不解。利玛窦按地图讲述他自己在何处出生，由何处动身东来，经过哪些国家之后到达中国。热心于求新知的人们，希望这位“西僧”能尽快把那张外文地图译解出来。肇庆知府王泮甚至向他打包票，这件工作会使他得到很大的声望。

利玛窦在一位中国译员的帮助下，很快就突击完成了绘制工作。新地图的长度改用中国的“里”，比例比原图大，这样可以留有较多的空阔图面标汉字和写注解。为了赢得中国人的好感，他把地图上第一条子午线的投影转移，在地图左右两端各留下一条边，使中国正好出现在图的中央。图中还尽量采用中国已用过的地名，使中国人觉得可信。同时，他还注意借世界地图宣传地圆说，在序文中说：“地形本圆球，今图为平面，其理难于一览而悟，则又仿敝邑之法，再作半球图者二焉。”

利玛窦在南京期间（1599），受南京吏部主事吴左海之请，对肇庆版世界地图作了一次修订，印量较大，散发很广，还流传到了澳门、日本等地。

1602 年，即利玛窦定居北京的第 3 年，工部员外郎李之藻向利玛窦学习地理，利玛窦再次修订旧图，扩充内容，绘成六条合幅的《坤舆万国全图》，合幅宽 361 厘米，高 171 厘米，可折卷在精制的木轴上。李之藻雇工刻制，印量达数千。刻图工匠又另私自刻一版开印。后来，新入教的参军李应试在利玛窦的帮助下又刊刻了八条合幅的《两仪玄览图》。利玛窦在为此图写的序文中指出，欧洲人的世界地理研究，重视远游，遍历海宇和实地考察；绘制地图时注意用新知识修改旧图；据亲身经历，《山海经》中所说的三首、独臂、无腹之类人的国家是没有的；最后申明“惟南极之下，邦人深入者鲜，尚未谂其水土。故缺而以俟后人”。由此可见当时西方地理学的水平和利玛窦本人的科学态度。

作为传教士，利玛窦认为“欲使中国人重视圣教事业，此世界地图盖此时绝好、绝有用之作也”。从科学知识受传者的角度看，中国人关于“地”的知识发生了重大变化，由此知道了“五大洲”，知道了“地球”。

此前，中国人了解的“天下”，大约东至日本、菲律宾，南抵印度尼西亚，对西方至远为南欧和非洲东海岸，概以“西域”或“西洋”称之。利玛窦入华，把当时最新、最高水平的地理知识传入中国，最具代表性的是“五大洲”的概念。《明史》列传第二百十四“外国七”载：“……利玛窦至京师，为《万国全图》，言天下有五大洲。第一曰亚细亚洲，中凡百余国，而中国居其一。其二曰欧罗巴洲，中凡七十余国，而意大里亚（即意大利）居其一。其三曰利未亚洲（即非洲），亦百余国。第四曰亚墨利加州（即美洲），地更大，以境土相连，分为南北二洲。最后得墨瓦腊泥加洲（即南极洲）为第五。而域中大地尽矣。”当时大洋洲尚未发现，上述关于五大洲的认识已是对当时世界地理的正确概括。今天所用大西洋、地中海、古巴、加拿大等地名，都是由利玛窦当初绘制世界地图时所译定。

地圆说与世界地图在中国的传播，突破了国人原有的狭隘“天下”观，开始了对真正世界的了解，这是任何一个民族走向近代社会所不可或缺的启蒙教育。尽管“世界”和“地球”成为全体中国人的常识还要经历许多年，但毕竟是从这时起步了。

五、亚里士多德的宇宙论——天文学的异变

就世界科学的源流而言，亚里士多德不只属于古希腊，也属于全世界。中古以前，亚里士多德的知识体系，只通过印度和阿拉伯

学者在中国有零星折射。将其核心内容传入中国者，仍要首推利玛窦。

亚里士多德的世界化，主要内容是它的宇宙论：静止的地球处于宇宙的中心；环绕地球周围的是土、水、气、火四元素组成的地上界（月下界）；地上界是通过四元素相互转化而发生气象学和地质学变化的、不断生成和毁灭的世界；天界在地上界之上，运行着由既不能生成也不能毁灭的第五种神秘元素（以太）构成的各种天球；对由天球旋转组成的天体运动可以作出几何学的解释；宇宙是有限的，天有九重，依次为月球、水星、金星、太阳、火星、木星、土星、恒星天和宗动天；宗动天统率一切天球和整个宇宙。

这些论点是亚里士多德在《论天》《论生灭》和《气象学》这三部书中展开的。

亚历山大里亚时期的天文学家托勒密，以亚里士多德的著作为基础，又引入前人的“本轮”和“均轮”概念，参考了大量的观测数据，作了一次天文学的大综合，写成《至大论》(亦译《天文学大成》)，该书成为亚里士多德宇宙论的经典著作。

欧洲历史进入中世纪，希腊文明湮没于战火之中。阿拔斯王朝第七代哈里发在位期间创设智慧馆，由伊斯哈克等人把《至大论》的遗本译为叙利亚语和阿拉伯语。阿尔-法尔加尼据此写出了通俗读物《天文学基础》。

到12世纪，生于意大利克雷莫纳的盖拉尔多，在西班牙的托莱多将大量阿拉伯语科学文献译为拉丁文，其中包括托勒密的《至大论》和法尔加尼的《天文学基础》。

英国数学家、天文学家萨克罗博斯科根据拉丁文本的《天文学基础》，并参考《至大论》等书，写出了欧洲最标准的天文学教科书《天球论》。在从中世纪到近代的过渡期中，它广泛流传在各大学的课堂和一般知识界中。

利玛窦的老师在 1561 年写出《萨克罗博斯科〈天球论〉注释》，后多次修订出版，成为当时的天文学百科全书。利玛窦入华后讲授、译述的天文学知识就依据此书。溯本穷源，其历史线索是：亚里士多德→托勒密→伊斯哈克→阿尔 - 法尔加尼→盖拉尔多→萨克罗博斯科→克拉维斯→利玛窦。

利玛窦在韶州、南京、北京授课时，都根据克拉维斯的著作讲授天文学，并教学生动手制作各种天文仪器。在北京刊印的《坤舆万国全图》，除主图外，还在四周及图中空阔处加进了介绍天文学知识的九重天图、天地仪图、日月食图及各种解说和注释。他还多次准确地预报了日月食，远比明廷钦天监的官员高明，因此使许多人倾服。

在传播西方宇宙论知识方面，与利玛窦合作最力者是李之藻。李之藻先习地理，在京雇工刻版刊印《坤舆万国全图》，兴致极高。又习天文、数学，据利玛窦口授，于 1605 年译编刊印了《乾坤体义》。此书分三卷，其目次为：

“上卷”1. 天地浑仪说；

2. 地球比九重天之星，远且大几何；

3. 浑象图说；

4. 四元行论。

“中卷”1. 日球大于地球，地球大于月球；

2. 论日球大于地球；

3. 论地球大于月球；

4. 附徐大史地圆三论。

“下卷”容较图义。

上卷内容直接采自利玛窦为世界地图所作的补白、注释等，实际来自克拉维斯的《〈天球论〉注释》。《四元行论》是利玛窦在南京写成而刊印过单行本。中卷内容是《〈天球论〉注释》一书中的“Terram Sole esse miorem，Luna vero maiore”。所附“徐大史地圆三论”则是徐光启的《题万国二圆图序》。下卷的“容较图义”是《〈天球论〉注释》中论述等周图形的部分，后来，李之藻又将这部分以《圆容较义》为名单独印行。

综合看来，《乾坤体义》是以取自《〈天球论〉注释》的知识片断为主的译编本。浑象图、乾坤体图等也都采自该书。

除《乾坤体义》外，李之藻还根据利玛窦口授而整理刊印了讲解星盘坐标系统投影法的《浑盖通宪图说》（1607）。

从世界地图到《乾坤体义》，不仅表明西学传播由“地”及“天”的渐进过程，也表明李之藻等中国学者接收西学从零散猎奇转向系统消化的自觉要求。

还应指出，对于士大夫中的大多数人来说，世界地图尚可作为雅俗共赏的书斋卧游之具，而《乾坤体义》已是颇要有些数学头脑的人方可卒读的“天书”。它不是克拉维斯《〈天球论〉注释》的完整译本，随着李之藻的离京、利玛窦的去世及其后继者在传教策略上的改弦更张，通过翻译全书来系统介绍亚里士多德宇宙论的工作也无从提起。后于崇祯初年由徐光启、李之藻再度与传教士合作时，传进的是将托勒密体系与哥白尼体系折中的第谷体系，那时就踏着利玛窦早年为他们铺垫过的台阶更上一层楼了。

中国有悠久的天象观测的历史，留下了比其他任何古代文明都丰富得多的观测记录，在历法和天文仪器制作方面，也都达到过相当高的水平，但在宇宙论方面一直是很薄弱的。天圆地方说、盖天说、浑天说、宣夜说等，都没有形成关于宇宙结构的严格而系统的理论。

在中国的传统知识体系中，向以“天”字为第一号。圣贤级的大学问家都被誉为知“天命”、识“天道”者。遗憾的是，能从宇宙结构上锲而不舍地研究自然天的人，却实属罕见。利玛窦入华携来的天文学知识，是掺杂着中世纪神学的希腊科学遗产，不管今人以今天的尺度指责其如何陈腐，但绝不可否认那是西方人认识宇宙的一个重要阶梯，对明末的中国知识界而言，那也是全新的知识。何况当时的儒林大多泥古不化，抱残守缺，他们害怕那些夷人夷书污染了我们天朝的圣土，就用“以夷变夏”的危途敲起警世钟，遂而有一代接一代的卫道者去撰写一批又一批的“破邪”文章，以致在中国传播西方早已有之的天文、地理常识也竟是难以想象的困难。

当我们今天仍然以亚里士多德为彪炳青史的伟大哲学家和科学家而承认他对古今中外文明的卓绝贡献时，怎能不敬仰那些在中国近代文明破晓前披荆斩棘的拓荒者们呢？因为正是他们为我们先人的知识结构引发了一次重大的异变！

六、“几何原本”——数学的异变

利玛窦到京的头一年，忙于请求获准定居，接下来就广泛交往、绘制舆图、传授西学，但真正刊印成的书还只有宗教读物《天主实义》(1603)、《二十五言》和《天主教要》(1604)。

徐光启于1604年进京考选为翰林院庶吉士，“每布衣徒步，晤于(利玛窦)邸舍，讲究精密，承问冲虚”。翌年8月，利玛窦在宣武门内东城隅买房乔迁。徐光启向利玛窦提议，“既然已经印刷了有关信仰和道德的书籍，现在他们就应该印行一些有关欧洲科学的书籍，引导人们做进一步的研究，内容则是要新奇而有证明”。利玛窦选择了欧几里得的《原本》，认为“此书未译，则他书俱不可得论”。(徐光启《刻几何原本序》)

《原本》(*Stoicheia*)是一部具有严密演绎体系的数学著作，成书于希腊文明的亚历山大里亚时期。自古以来，它一直作为人类理性精神的范本广泛流传，成为科学史上经典中之经典。它当初就可能是写给学生用的课本，后来也是引领一代代青少年走进科学之门的启蒙教材。在元代与阿拉伯的文化交流中，此书可能已流入我国，但未得传播。

利玛窦的老师克拉维斯之所以被誉为“16世纪的欧几里得”，盖因他写出了对《原本》的十五卷拉丁文译注本——*Euclidis Elementorum Libri XV*(1574)。利玛窦在华授课当是用此书，并早就想把它译成中文，但“屡逢志士，左提右挈，而每患作辍，三进三止”。（利玛窦《译几何原本引》）这“三进三止”于何时何地何人，没有明确记载。按《利玛窦中国札记》所述，在徐光启之前倒是恰有三人与《原本》有关，他们依次是瞿太素、张养默和一可能为蒋姓的举人。

第一次在韶州。苏州人瞿太素，原是礼部尚书之子，本人不求仕进，迷恋于炼金术，父亲逝世后，把家产在炼金炉里烧个精光，遂携妻周游。寓居广东南雄时，往韶州拜利玛窦为师，原是因为谣闻利玛窦会炼金术，后在交往中放弃了这一邪念，开始认真学习西方科学，先笔算，后天文，最后学《原本》，据听讲笔记译出《原本》第一卷，时间在 1592 年左右。

第二次在南京。张养默，原是翰林王肯堂的弟子。王在镇江居家闭门研究天文、地理和算学，长期找不出任何明确的中国数学体系，自己试图建立一个体系也未成功，最后放弃了这一努力。时值利玛窦在南京交友讲学，声名大震，他就派张养默带着他的推荐信请利玛窦替他教这位学生。教学时间不长，且是多人同时上课，可能是还没有教到《原本》。张养默“无师自学了欧几里得的第一卷。他不断向利玛窦神父请教几何学问题”。这里，张自学的当是瞿太素早些时候译出的第一卷，不断向利玛窦请教几何学问题，或许是要接着译下去。此时当在 1599 年。

第三次在北京。徐光启曾推荐一位浙江人 Ciangueinhi（意大利文拼写）。此人与徐光启于 1597 年同年中举，后求进无果。据裴化行所著之《利玛窦司铎和当代中国社会》，说有姓蒋的穷举人曾试图译此书，可能是同一个人。利玛窦与蒋的合作很不理想，他告诉徐光启说，必须是有突出天分的学者，才能完成这项工作。时间当在1605年或1606年。

1606年秋，徐光启决定由自己挑这副担子。每天下午三四时到利玛窦住所，请“口传，自以笔受焉。反覆展转，求合本书之意。以中夏之文，重复订政，凡三易稿”。（利玛窦《译几何原本引》）于翌年春首译完前六卷，同年出版。

徐光启尽量用中文已有的词汇表达西方的科学术语，而不是用大量音译词。将中译本定名为《几何原本》，这里的“几何”系中文的度数（测量与计算）之意，而非后来专指以形状为研究对象的“几何学”（Geometia）。欧几里得的《原本》，是西方数学经典，并非专指几何学。《原本》有13篇，第1—4篇讲直边形和圆的基本性质，第5篇是比例论，第6篇是相似形，第7—9篇是数论，第10篇是对无理量的分类，第11—13篇是立体几何和穷竭法。克拉维斯的 *Euclidis Elementorum Libri XV* 为15卷本，有后人增加的两篇。在中文中把“几何”与Geometry对应起来，是后人误解所致。

中国传统数学体系的经典是成书于西汉末期的《九章算术》。它以筹算为基础，列有246道应用题，或按实际应用，或按计算方法，共分为九个大类，皆无推导论证，各章之间无内在联系。后世以注经方式发展，“九章”也成为中国古代数学的代名词。宋元时中国数学发展到高峰期，并有往“纯数学”方向的偏移，取得了天元术、四元术等杰出成就。从元朝末期开始，商业数学迅速发展，珠算得到普及，而宋元数学成就至明代竟成绝学。《几何原本》就是在中国数学史上的苍白时期传入的，以它的“新奇”和“有证明”使一批学者倾服，中国数学也由此进入了更新期。

徐光启称《几何原本》为“度数之宗”。以它为开路先锋，后有《测量法义》《大测》《测量全义》《比例规解》《几何要法》等一批译述西方数学的著作。还有以《几何原本》为参照，作中西数学比较研究的《测量异同》，用《几何原本》的方法整理中国传统数学遗产的《勾股义》等，出现了晚明盛清的历算家言必称几何的局面。

徐光启发挥利玛窦关于《几何原本》“当百家之用”的说法，认为它是“众用所基”。(《刻几何原本序》)“度数既明，又可旁通众务，济时适用”(《条议历法修正岁差疏》)，把以《几何原本》为基础的“度数之学”用于历法、气象、水利、乐律、军事、财政、土木建筑、机械、大地测量、医药、计时等方面，成为这位徐阁老晚年为之奋斗的理想。突出的成就是由他主持修历工作，组织中国人与传教士合作，引进西方的天文历法成就，编成大型的《崇祯历书》，成为清初颁布《时宪历》的基础。《利玛窦中国札记》中说：“这本书（《几何原本》）大受中国人的推崇，而且对于他们修订历法起了重大的影响。”这是谁加的评语，尚有待考证，而这个评语本身是不错的。

利玛窦去世后，神宗皇帝赐葬，有内官问当时居于相位（东阁大学士）的叶向高：“诸远方来宾者，从古皆无赐葬，何独厚于利子？”叶答道：“子见从古来宾，其道德学问，有一如利子者乎？

毋论其他事，即译《几何原本》一书，便宜赐葬地矣。”（《中西交通史料汇编》第一册）可见当世对此书的评价之高。

在传播西方数学方面，利玛窦的另一重要贡献是按克拉维斯的《实用算术概论》授课，把笔算法、验算和分数记法等传入中国。李之藻根据笔记整理，成为《同文算指》（1613）一书的主要内容。远在7世纪初（唐代），印度笔算法曾传入我国，后来有阿拉伯人的笔算法传入，但都因烦琐而未能取代中国传统的筹算和珠算。只是在利玛窦之后，笔算才日臻完善，而在清代逐渐得以普遍应用。

七、“杯酒还浇利泰西”

利玛窦对中西文化交流的开创性贡献是多方面的。他最早把油画传入中国，并随之传入绘画的透视学原理；最早带进一架铁弦琴（即有40个音的古钢琴），作《西琴曲意》八章，传入西方音乐；所撰《西国记法》为介绍记忆术的著作。

在肇庆期间，他与罗明坚合编葡华字典，为历史上第一部中西文字典。他首创用拉丁字母注汉字语音，成为中国第一个拉丁字母拼音方案，由此解决了中国音韵学上分析音素与测定字音这两大困难，对中国音韵学的发展有很大影响。

就反向文化传播而言，他最早向欧洲人肯定了马可·波罗所说的“契丹”或“震旦”即是中国的别名；他用拉丁文翻译中国的“四书”，是开欧洲汉学之先河的代表性成就。利玛窦在临终之前完成了记述他在中国传教活动的长篇札记，死后由金尼阁携回欧洲，加以补续并译为拉丁文，于1615年出版，后被译为多种文字流传（中译本即《利玛窦中国札记》）。此书连同他早年翻译的儒家经典，成为欧洲人正面观察中国历史文化的窗口，至今也是我们研究明代社会文化史、中西交通史、耶稣会入华传教史和西方科学传播史的珍贵资料。

利玛窦晚年因过于劳累而患周期性偏头疼，1610年5月11日逝于住所，享年58岁。作为传教士，他始终怀着宗教的虔诚去实现自己的理想。终其一生以中国人民为友，以中国为其第二故乡，赢得了广泛赞誉，被视为“西儒”，尊称为“利子”“西泰子”。死后，明神宗下旨赐葬于阜城门外栅栏寺。京兆尹王应麟撰有一篇很长的碑文，其中有这样一段话：“视其立身谦逊，履道高明，杜物欲，薄名誉，澹世味，勤德业，与贤智共知，挈愚不肖共由。玄精象纬，学究天人，乐工音律，法尽方圆。正历元以副农时，施水器以资民用。翼我中华，岂云小补。”

利玛窦在华传教，排佛尊儒，尊先儒而斥近儒，赢得了一部分士大夫的高度评价，也招来一部分士大夫的非议。南京礼部侍郎沈漼指责传教士的暗伤王化，以“大西洋”对“大明”，是以“两大”相抗，称教主为“天主”是要“驾轶”中国的“天子”之上。以他为主将，在1616年挑起了中国历史上第一次反洋教的大风潮。但持续时间不算长，后出于军事和改历的需要重新起用传教士，利玛窦声名未减，“利玛窦坟”作为明末北京的一大景物，可为其证。（刘侗、于奕正《帝京景物略》）

清代康熙年间，天主教按利玛窦的传教路线进展顺利，在天主教内部出现“礼仪之争”的情况下，康熙皇帝明确指出，在中国行教只许按利玛窦的规矩。可见对利玛窦的积极评价在中国人这方面已无大分歧。

到乾嘉时期，传教活动已被禁绝，随着乾嘉学派整理国故的进展和西学源于中法说的盛行，对利玛窦的评价趋低。

鸦片战争之后，列强欺凌中华，仇外心理日强，前朝故去的传教士也入“洋鬼子”之列，利玛窦墓毁于义和团之手，那也是一种评价。而像梁启超那样对利玛窦在中国近代学术史上的地位给予中肯的评价者，则代表了中国知识界的清醒认识。

在新中国成立后相当长的时期里，学术界把传教士与帝国主义之间画等号，成为一个新的流行观点，就连我们的科学史界在20世纪60年代纪念徐光启时也不能不指责利玛窦的“顽固”和“不老实”。“文化大革命”期间，利玛窦墓第二次毁于红卫兵之手就可“入”乎所料了。

十一届三中全会之后，随着拨乱反正、落实各方面政策的步伐，利玛窦墓于1979年修复。随着学术思想解放的步伐，对利玛窦也重开评议，评价高低虽然往往随政治晴雨的变幻而波动，不过，总的来说，一般都倾向于较多地肯定他在中西文化交流中的贡献，并认为应把他与鸦片战争之后的入华传教士相区别。只是由于研究资料不足和流行观点的束缚，评价中还有许多模糊不清或似是而非的议论。

关于耶稣会传教士与葡萄牙殖民者之间的关系、耶稣会的历史地位和作用、耶稣会内部和天主教内部关于利玛窦传教方式的分歧和斗争等，我们都了解甚少，凭流行观点作推测难免失之于武断。有时在比拟用词（如利玛窦把入华传教视为“精神战争”等）上作文章，不适当地把宗教的“扩张”与帝国主义的政治军事侵略等同起来，这都影响到对利玛窦的动机和人格的评价。

关于科学传播方面，人们往往指责利玛窦带给中国的是在西方已经落后了的科学，是不肯传播近代科学，这很值得商榷。

1543 年出版哥白尼的《天体运行论》，是近代科学的重要标志。但日心说并没有马上被人们接受，这不仅有宗教方面的原因，也有科学本身的原因。不管是哥白尼的日心说体系，还是托勒密的地心说体系，它们作为不同的假说，在科学家面前是平等的。只是到 18 世纪发现了光行差之后，哥白尼地动说才得到证实，从而成为科学界可以普遍接受的理论。16 世纪的欧洲科学处于那样一种状态，怎能苛责于利玛窦呢？

16 世纪后半叶，近代科学正处在形成过程中的初期，科学中心地在意大利，前面已述耶稣会重视学术传教，利玛窦在罗马学院所得到的教育，在当时是最高水平的。正如日本的科学史家山田庆儿所说：“利玛窦并未完全掌握近代科学知识乃是理所当然的事。他所知道的科学是古代中世纪科学，可以认为：在此范围内他把当时最有权威、最好的科学知识提供给了中国。”

有些评价利玛窦的现点是在评价徐光启时捎带的。像“文革”中那样因受利玛窦的牵连而把徐光启树为古代科学家中“崇洋媚外”之典型的极端批判，已经绝迹。承袭“传统”观点，为徐看不清利玛窦真面目而受骗上当的低调批评还时有所见。

另有一种“褒徐贬利”的评论，典型例子见于王重民先生的遗著《徐光启》一书。书中说徐“一再敦促”利玛窦翻译科学书籍，利则“一味推脱”，表明他们之间“基本态度的不同”；“双方大概几经商讨和辩论之后”，利才“勉强答应”徐、李（之藻）的要求；接着，利要先译天文历法书籍以便打入宫廷，徐、李“则认为按照科学本身的逻辑要求，应该是先译数学书籍。大概又是经过了多次的商讨和辩论之后，才决定先翻译数学书籍”。（王重民著《徐光启》）

这类情节缺乏史实根据，多出于臆测，不得不在关键处借助于“大概”。关于这段公案，有据可考的文字是，利玛窦在《译几何原本引》中写道：“窦自入中国，窃见为几何之学者，其人与书，信自不乏，独未睹有原本之论。既阙根基，遂难创造。即有斐然述作者，亦不能推明所以然之故。其是者，己亦无从别白；有谬者，人亦无从辨正。当此之时，遽有志翻译此书。”但是因为“东西文理，又自绝殊，字义相求，仍多阙略，了然于口，尚可勉图，肆笔为文，便成艰涩矣”。他还告诉过徐光启“此书未译，其他书俱不可得论”。文字记载和实际进程都表明利玛窦一直重视翻译《原本》的工作，只是因为自己的中文基础薄弱，还不能胜任，要找合适的合作者，所以有前文所说的“三进三止”。

王老先生写《徐光启》在五六十年代，本人在“文革”中因受迫害故去。书中观点受历史的局限是可以理解的。然而《徐光启》一书出版于 1981 年，它作为一部权威性的著作，颇有影响于当世读者，不乏见转引、移植之笔，似有必要做此澄清。

比较多见的另一指责是说利玛窦与徐光启合译《几何原本》时，没有按徐光启的意愿将全书译完，而只译了前6卷。说他心思在传教上，不愿在译科学书籍上多下功夫，或是说他想留一手。这也是一种从先入为主的观点出发所作的推测。《原本》15卷中，前6卷自成体系，且较为浅显易懂。利玛窦当初在罗马学院学习时，正式课程中也只是安排有前6卷。西方最早的德译本、西班牙译本和瑞典译本也都是6卷本。利玛窦对徐光启说："请先传此，使同志者习之，果以为用也，而后徐计其余。太史曰：然。"（《译几何原本引》）就中国当时知识界的水准而言，这应算是实情话。

笔者无意把利玛窦写成一个十完十美的圣贤。只是想指出，我们不要依"冷眼向洋看世界"的思维定势去轻易地给复杂的问题下简单的结论，对在中华民族文明发展史上作出过贡献的人物，无论中外，都应给出实事求是的评价，借以追念前贤而激励后人。

按16世纪后半期的欧洲科学水准而论，利玛窦受到了最好的教育，但并没有成为一名有创造性贡献的杰出科学家。对于欧洲人来说，他是一位富有创造精神的传教士，又是西方汉学家的先驱。对于中国人来说，他是一位卓越的科学传播者，为处于"学问饥饿"中的中国士林带来了可谓丰富的食粮。以他为首的一批传教士，与徐光启、李之藻等中国士大夫中的优秀分子携手，在中国文化发展的坐标图上画出了一条前所未有的异色曲线。

康熙年间有位大名士尤侗，授官翰林院检讨，分修《明史》，撰志和传达300篇。欧洲四国传（葡萄牙、西班牙、荷兰、意大利）的初稿即出其手，这使他在撰《二十四史》的史家中成为特具开放眼光的人物。或许与此相关，他大约在利玛窦故去 70 年后，写过一首抒发怀念情思的小诗："天主堂开天籁齐，钟鸣琴响自高低。阜成门外玫瑰发，杯酒还浇利泰西。"在坚持开放政策的今天，是否仍有诗赞利公者，实难得知。愿此文能化作尤侗诗中那"杯酒"，来祭奠这位"翼我中华"的西学东渐第一师的亡灵。

（作者：樊洪业）

汤若望

“通玄教师”

汤若望

（Johann Adam Schall von Bell，1592—1666）

客有多髯者，天涯结德邻。
技余奇器录，心印古时人。
问俗谈偏胜，探文理入新。
往来知不厌，长此引光醇。

〔清〕庄冏生《赠汤若望诗》

汤若望，一位来自莱茵河畔科隆的德国传教士，自1619年抵达澳门，1623年进入北京以后，在这块东方异国的土地上生活了47年，历经明代万历、天启、崇祯和清代顺治、康熙五朝，身兼中国朝廷高官、天文学家和天主教神父三职。他生前曾官居一品，被皇帝御封为“通玄教师”，主持国家天文台钦天监的工作，晚年又遭人诬告，锒铛入狱，险些被凌迟处死，在中国政治舞台上和学术界引起过轩然大波。死后不久，则被平反昭雪，恢复名誉，同意大利传教士利玛窦、比利时传教士南怀仁同葬于北京阜成门外，长眠在他为之呕心沥血服务了大半生的中国土地上。极有戏剧性的是，他的墓碑在20世纪被两砸两立。两次被砸，一次是1900年义和团运动期间，一次则是1966年他辞世整300年后的“文化大革命”运动中。如今，我们在他那被重新修复并被列为重点文物保护单位的墓前，发现他的墓碑上方残缺了一大段，中部被拦腰截断过，是用水泥粘接起来的，而墓碑的正反面则被倒置了：本该刻在正面的碑文却在背面！这残首断腰、背向而立的墓碑似乎在向人们诉说着汤若望生前死后三四百年来的荣辱沉浮、风风雨雨……

一、道既证其全　犹逊以为未

汤若望，原名约翰·亚当·沙尔·冯·贝尔（Johann Adam Schall von Bell）。Schall von Bell 是他的族姓，意即 Bell 地区的 Schall 家族。Adam 是他的第二个领洗名，其重读第二音节声似中国姓氏“汤”。Johann 是他的第一个领洗名，当时多音译为“若望”，也有作“儒望”“如望”的。汤若望是约翰·亚当来华后取的中文姓名。汤若望字“道未”，取义《孟子》：“文王视民如伤，望道而未之见。”故有人赠汤若望诗曰：“道既证其全，犹逊以为未。”后人有不知其出典，误作“道味”者。

沙尔家族的世系，可追溯到 12 世纪的鲁伯特·沙拉（Rupert Schallo），他居于德国西部莱茵河畔的科隆城。1282 年左右，始有阿尔贝罗·沙尔（Albero Schall）的名姓出现，此人在科隆城西南的地方霍贝尔（Horbell）购置田园别墅，冯·贝尔（von Bell）姓氏便由该地得名。汤若望的曾祖父和祖父亦名约翰，父亲名海因里希·德根哈特。德根哈特第三次结婚的夫人玛丽亚·沙伊法特·冯·梅罗得曾生三子，其中一位便是后来叫做汤若望的约翰·亚当。

汤若望于 1592 年 5 月 1 日诞生在科隆城内圣阿波斯特教堂近侧的爵邸中。他在幼年时代受到了良好的家庭教育，学习了拉丁文。

1603年，汤若望入科隆城耶稣会设立的三王冕中学读书。1608年7月，经当地耶稣会会区院长约翰内斯·莱奥的保荐，留学罗马德意志学院。1611年9月，汤若望以优良成绩修满三年哲学课程，10月21日加入耶稣会，进圣·安得勒大楼（即耶稣会罗马教区的修道院）做修士。两年后，见习期满，于1613年10月底迁入罗马学院，开始了4年的神学和数学研究。1616年1月2日，汤若望向耶稣会总会长呈递禀帖，请求派遣他到东印度或中国去传教，并说这是他自见习时期以来的一个志愿。

年仅弱冠的汤若望，有到东方特别是中国传教的愿望，这并不奇怪。因为自1581年起，意大利耶稣会士罗明坚、利玛窦、龙华民等相继进入中国传教，受到了中国皇帝的礼遇和士大夫的欢迎，他们带去的西方近代科技知识，又使中国学术界和朝野都感到有兴趣。这些传教士不断向欧洲寄回了许多关于中国的信件和报告，激起了人们向往中国的热情。而1614年底，法国传教士金尼阁自华抵罗马教廷述职，汤若望得以与他结识，更下定了前往中国的决心。

1617年夏，汤若望以优异的成绩完成了他在罗马学院的学业，旋即升为神父。这时他具备了有关神学、哲学、数学、天文学和语言文字学等多方面的知识。接着他去了葡萄牙里斯本，等待着向往已久的中国之行。

二、渡海东来八万里　别有宗门号天氏

1618年4月16日，复活节的次日星期一，金尼阁率赴华传教士汤若望、邓玉函、罗雅谷等22人在里斯本登舟启程，开始了前往

中国的引人入胜而又充满危险的海上航行。

这 22 位赴中国的传教士中有 10 位葡萄牙人、5 位比利时人、4 位德国人和 3 位意大利人。他们乘坐的好耶稣号船上共有 636 位乘客，加上大量的行李、货物、食品甚至家禽，实在是拥挤不堪。但他们每周星期日都要做礼拜，星期一、星期四布道，星期二、星期五由邓玉函作数学讲演，星期三、星期六由金尼阁教授中国语言文字。航行途中，汤若望同邓玉函、罗雅谷等人一道，勤奋地观察天象、流星、风向、海流及磁针指向，确定航船的位置和由船上所见的海岸与岛屿的位置，并将研究结果报告给欧洲学术界。

在大西洋上沿非洲海岸向南航行的最初两三个月，由于海流的凶猛、气候的炎热、饮食的恶劣和卫生设备的欠缺，船上流行起了疟疾传染病，有一次竟有 330 人同时病倒，传教士们也无一例外地受了这可怕瘟疫的感染。当时船上并无正式船医，只有一位略晓外科手术的理发师，他对这种病症最有效的医治方法，不过是割开血管放血而已，病人有一天放血达三次之多者。这场灾难夺去了船上 45 人的生命，其中有 5 位传教士。

好耶稣号行至好望角附近，又受到三天三夜暴风的袭击，好不容易驶入印度洋，于 1618 年 10 月 4 日在印度西部海港果阿靠岸，暂停以作修整。这时传来了明万历皇帝下旨驱逐传教士的消息：北京的庞迪我、熊三拔和南京的王丰肃、鲁德照被遣送到广东，然后发往澳门。传教士们的精神受到很大打击，其间又有 2 人病逝。耽误了几个月后，汤若望再次乘船东行，过马六甲海峡时受到暴风袭击，幸而最后化险为夷，虽历经千辛万苦，终于在 1619 年 7 月 15

日结束了他赴东方的行程，抵达澳门。

1620 年是中国历史上有三位皇帝的一个年头：明万历皇帝驾崩，皇子光宗继位，年号泰昌，但在位仅一月即薨，幼小的天启皇帝承袭，胆怯无识，受太监魏忠贤挟制。在澳门的传教士们，乘机分批秘密潜入中国内地。

1622 年夏秋之间，滞留澳门三年之久的汤若望，同李玛诺、费乐德、理柏罗一道自水路北上，然后沿陆路越过广东与江西边界间的梅岭，再沿赣江继续北上，进浙江到了杭州。

1623 年 1 月 25 日，汤若望随龙华民进入北京，寓城内西南宣武门附近的天主堂内。当时人们正为过春节而忙碌着，没有特别注意到他们。汤若望以在罗马期间学到的数学和天文学知识，成功地预报了当年 10 月 8 日出现的月食，得到明户部尚书张问达等人的赏识。其后，他又预算了次年 9 月的月食日期，从而在北京站住了脚跟。他努力学习中国的语言文字和儒家经典，兼及天算研究和传教活动。他把从西方带来的天主像和圣迹图呈献给朝廷，用汉文写了《进呈书像》。他又在 1626 年 9 月，著译《远镜说》，把伽利略在 1609 年发明的望远镜介绍到中国来。书中不仅有望远镜的原理、制作和使用方法，而且还有伽利略在其著名的《星际使者》（1610）中所记载的天体观察结果，如月球表面坑洼不平，木星有四颗卫星，金星的盈亏，土星的两个耳形卫星轨道环，太阳的黑斑，银河中有无数小星，几个星座里的星团形状，等等。

1627 年夏或秋，汤若望被派往西安传教。他通过张问达之子张缜芳和王征的关系，在西安很顺利地开展宗教活动。1629 年，他撰著《主制群征》二卷，目的虽是根据天文、地理、动植物等自然现象以哲理论证上帝的存在，但却向中国知识界展示了西方关于人体解剖、人体生理等方面的科学知识。当时在西安居家服父丧的王征，专为传教士建置“崇一堂”，延请汤若望在该堂每晚“译述西贤苦修会中奇迹一二段，以为日课”，后据汤若望所述，录成《崇一堂日记随笔》。汤若望在西安传教3年，发展了好几十名教徒。其间他还观测过1628年1月21日的日食。

1629年6月21日（明崇祯二年五月初一日乙酉朔）的日食，钦天监推算的时刻失误，这激怒了崇祯皇帝。因为中国古代历法，历来被认为是皇帝“受命于天”的标志，而“效历之要，要在日食”，日食被认为是上天对天子德行政绩出了毛病的一种警示。因此，发生日食时，皇帝要“素服，避正殿”，还要下《罪己诏》。日食预报不准，岂非拿上天和天子开玩笑。所以皇帝传谕：“姑恕一次，以后还要细心推算，如再错误，重治不饶。”8月29日礼部上疏请修订新历，9月1日获准，设历局于宣武门内原首善书院。当时任礼部侍郎的徐光启“奉旨督修历事务”。

天文历算在我国本来就有悠久的历史，并取得了辉煌的成就。13世纪，当欧洲旧的儒略历出现了严重差误的时候，我国元代科学家郭守敬制定的授时历（1280）则把中国的历法提高到一个更精确的新高度。明代的大统历直接承袭元代的授时历，行用年代长久，逐渐出现显著的差误，特别是在1610年至1628年的近20年间，“交食往往不验”，而欧洲则在1582年起改用了新的格雷高里历，精密程度远在大统历之上。中国历法的改革迫在眉睫，势在必行。

徐光启在其《条议历法修正岁差疏》（1629年9月13日）中，提出历法修正十事、修历用人三事、急用仪象十事和度数旁通十事，举荐南京太仆少卿李之藻，传教士龙华民、邓玉函参与修历，获准。1630年5月13日，邓玉函去世。6月26日，徐光启上《修改历法请访用汤若望等疏》，称“汤若望、罗雅谷二臣者，其术业与玉函相埒，而年力正强，堪以效用”，推荐在山西的罗雅谷和在陕西的汤若望回京供职于钦天监，参与继续修订历法的工作。6月29日得到了崇祯皇帝的批准：“历法方在改修，汤若望等既可访用，着地方官资给前来。”

1630年秋，38岁的汤若望踌躇满志，再次进入北京。与7年多以前他悄悄潜入北京不同，这次是奉诏进京，乘坐官轿，沿途迎送，前呼后拥，何其威风！从此，他在北京居住了36年，直至1666年8月15日去世。连同他1623年至1627年第一次在京居住的4年多，总共是整整40个年头。

三、沧海十万里　来任天官篇

徐光启主持编修的《崇祯历书》于1631年2月28日、8月27日，1632年5月22日，1634年8月12日、12月14日共分五次完成，进呈明廷。徐光启经手前三次。他于1633年9月11日以“脾疾”告假，此前李之藻已于1630年秋去世，故于10月31日上《历法修正告成书器缮治有待请以李天经任历局疏》，其时李天经任山东参政，至1634年5月才来京，7月6日继任督修历法事，经手后两次《崇祯历书》的进呈工作。第一次进呈书表24卷（历书总目

1卷，日躔历指1卷，测天约说2卷，大测2卷，日躔表2卷，割圆八线表6卷，黄道升度表7卷，黄赤距度表1卷，通率表2卷）；第二次进呈书表图像20卷并1折（测量全义10卷，恒星历指3卷，恒星历表4卷，恒星总图1折，恒星图像1卷，揆日解订讹1卷，比例规解1卷）；第三次进呈书表30卷［月离历指4卷，月离历表6卷（以上系远臣罗雅谷译撰）；交食历指4卷，交食历表2卷（以上系远臣汤若望译撰）；南北高弧表12卷，诸方半昼分表1卷，诸方晨昏分表1卷（以上系罗、汤二公指授监局官生推算）］；第四次进呈书表图星屏29卷并1架［五纬总论1卷，日躔增1卷，五星图1卷，日躔表1卷，火木土二百恒年表并周岁时刻表3卷（以上系远臣罗雅谷译撰）；交食历指3卷，交食诸表用法2卷，交食表4卷（以上系远臣汤若望译撰）；黄平象限表7卷，木土加减表2卷，交食简法表2卷，方根表2卷（以上系罗、汤二公指授监局官生推算）；恒星屏障1架（系远臣汤若望制）］；第五次进呈书表32卷［五纬历指8卷，五纬用法1卷，日躔考2卷，夜中测时1卷（以上系远臣罗雅谷译撰）；交食蒙求1卷，古今交食考1卷，恒星出没表2卷（以上系远臣汤若望译撰）；高弧表5卷，五纬诸表9卷，甲戌乙亥日躔细行2卷（以上系罗、汤二公指授监局生儒推算）］。

《崇祯历书》分五次进呈共计46种，凡137卷，内容包括“基本五目”（法原：天文学基本理论，包括球面天文学原理；法数：天文数表，附有使用说明；法算：天文计算必备的数学知识，包括平面和球面三角学及几何学；法器：天文仪器；会通：中国传统方法和西历度量单位的换算）、“节次六目”（日躔历、恒星历、月离历、日月会历、五纬星历、五星交会历，包括日月五星运动和恒星的方位、日月交食、节气朔望等的换算)，采用了丹麦天文学家第谷创立的介乎古希腊天文学家托勒密的地心体系和波兰天文学家哥白尼的日心体系之间的宇宙天体系统和几何学的计算方法，全面引进了欧洲的古典天文学知识和清晰的地球概念、地理经纬度概念，以及球面天文学，视差、大气折射等重要天文概念和有关的改正计算方法，它还引进了一套与中国古代传统天文学度量制度完全不同的西方通行的度量单位，如一周天分为360°，一昼夜分为24小时、96刻，度、时以下的分、秒等采用60进位制等。从此将中国天文学纳入世界天文学共同发展的轨道，是对中国天文学的一场深刻的改革。

《崇祯历书》于1629年9月正式开局修撰，至1634年12月完成，历时5年多。其间，主持者徐光启于1633年逝世，干了4年；后继者李天经于1634年7月继任，只干了半年。初期参与者龙华民自1610年起一直担任中国耶稣会总会长，教务繁忙，很快便退出了历局的工作；邓玉函则于1630年5月逝世，只干了8个月。至于李之藻，于1630年6月入局，10月逝世，只干了4个月。参与修定工作最久的则当数分别于1630年夏、秋进入历局的罗雅谷和汤若望了，他们都干了4年多。从五次进呈书目看，前两次44卷未著译撰者名，后三次93卷则全为罗、汤二人译撰或指授监局官生推算。其中，罗雅谷分工日躔、月离、五星运动；汤若望则分工交食和恒星部分，撰写了“交食历指”“交食历表”“交食诸表用法”“交食蒙求”“古今交食考”“恒星历指”“恒星出没表”“恒星总图”“恒星屏障”

等20余卷，指导推算各种数表40余卷，其“撰译书表，制造仪器，算测交食躔度，讲教监局官生，数年呕心沥血，几于颖秃唇焦，功应首叙”。

《崇祯历书》编撰伊始，徐光启就提出了“欲求超胜，必须会通，会通之前，先须翻译”，“翻译既有端绪，然后令甄明《大统》，深知法意者，参详考定，熔彼方之材质，入《大统》之型模”的方针，然而，就是“熔入”，也受到拘泥旧法的保守人物如冷守中、魏文魁之流的反对。徐光启等为此专门写了《学历小辨》一书，与之辩论。特别是在1631年曾上《历元》《历测》二书而受到徐光启批驳的满城耆儒魏文魁，于1634年初趁徐光启去世和李天经接任的间隙，上言“历官所推交食节气皆非是”，意在干扰新法，与新法争胜。崇祯皇帝是没有主见的人，于是命魏入京测验，组织东局，同大统、回回两局一道与用西法的西局相对立，致使一时“言人人殊，纷若聚讼焉”。

《崇祯历书》完成后，“屡测交食凌犯俱密合”。如1636年2月21日的月食，1637年1月26日的日食，其初亏、食甚、复圆的分秒时刻，西局推算均比大统、回回、东局为密，“时将废《大统》，用新法”，其时有代州知州郭正中言：“中历必不可尽废，西历必不可专行。四历各有短长，当参合诸家，兼收西法。”结果仍诏行《大统历》。直到1643年3月20日的日食，又是经实测证明西法独验，崇祯皇帝才认识到《崇祯历书》确实精密，几经考虑，欲颁诏施行时，明朝已经灭亡了。

汤若望在明末的科学活动，除参与《崇祯历书》的编定，从事天文历法的制器、观测和著述外，还有两项工作值得一提：一是介绍西方火器，二是翻译西方矿冶著作。

汤若望曾在1636年和1642年先后两次为明王朝造炮，均获成功。据费赖之《入华耶稣会士列传》所载："一日朝中大臣某过访若望，与言国势颠危，及如何防守等事，若望在谈话中言及铸炮之法甚详明，此大臣因命其铸炮。若望虽告其所知铸炮术实得之于书本，未尝实验，因谢未能，然此大臣仍强其为之。盖其以为若望既知制造不少天文仪器，自应谙悉铸炮术也。1636年在皇宫旁设立铸炮厂一所，若望竟制成战炮二十门，口径多大，有足容重四十磅炮弹者。已而又制长炮，每一门可使士卒二人或骆驼一头负之以行。所需铸炮之时亘两足年。"这次造炮成功，受到崇祯皇帝的嘉奖，该炮亦被授名曰"无敌大将军"。汤若望第二次造炮是在1642年。是年，兵部尚书陈新荐举汤若望再铸西洋火炮。崇祯帝接受这一建议，谕令汤若望监制"无敌大将军"五百位，并命将造炮方法传授兵仗局。这次造炮亦获成功。为传授造炮技术，他与焦勖辑译《火攻挈要》3卷，于次年刊行。后有1847年海山仙馆丛书重刻本，1831年扬州重刊本更名为《则克录》。该书详述各式火器的制法，并有诸器图40幅。上卷为造铳、造弹、造铳车、狼机、鸟枪、火箭、喷筒、火罐、地雷各法，并述及制造尺量、比例，起重、运重、引重之机器，配料、造料、化铜之法；中卷为制造、贮藏火药须知，试放新铳、装置各铳、运铳上台上山下山及火攻基本原理；下卷为西铳之攻法、铸铳应防诸弊，守城、海战及炮战（火攻）有关事项。总之，该书论述了关于火器和火药的一些兵器技术和应用化学方面的知识。本来明王朝编定此书的目的是抗御北方民族的南下，结果恰恰相反，倒是帮助和加速了清王朝统一中国的进程。

汤若望还和李天经等合译西方矿冶著作。他们以阿格里科拉的《矿冶全书》(1556)为底本，译述成中文译本《坤舆格致》4卷，于1640年上呈朝廷，1643年刊行，崇祯帝并谕旨“发下《坤舆格致》全书，着地方官相酌地形，便宜采取，仍据实奏报。不得坐废实利，徒括民脂。汤若望即着赴蓟督军前传习采法并火器、水利等项”。方以智《物理小识》(1643)和《钱钞议》中都提到过这部书，可惜该书在明清之际佚失。

另外，未收入《崇祯历书》或《西洋新法算书》的汤若望历算著作，还有《西洋测日历》(1645)和《民历补注解惑》(1662)。而教廷梵蒂冈图书馆所藏《见界总星图》，是徐光启主持测量恒星时汤若望等人所绘的首幅大星图，它改变了沿用已久的星座组织格局，取消了古代观测的515颗星，新增413颗，形成了现代中国星象体系的基础，具有划时代的意义。

崇祯帝对汤若望等人的治历工作十分赞赏，曾亲书“钦褒天学”“旌忠”“崇义”的匾额相赠。

1640年，汤若望升任北京教区区长，他常入宫中举行弥撒，施行圣事，数年内就使宫内信教的皇族、太监、宫女达200多人。1643年，汤若望刊刻了《主教缘起》4卷，叙述天主教的起源，也就是旧约中的历史部分。他的《真福训诠》一卷，则是诠解新约《马太福音》第五章的内容。

四、天子临轩百僚集　敬授特敕夸思深

1644 年 4 月 25 日，李自成攻破京城，崇祯帝自缢于煤山，明亡。战乱中，汤若望在宣武门内的寓所幸未受到大的破坏。他曾被农民起义军的将领请去做客，被尊称为“大法师”，而他的态度则是不卑不亢。

1644 年 6 月初，李自成弃京出走，大顺军殿后的部队在城内烧掠，汤若望寓所的一间空屋被焚，另两间存放有 3000 本图书和数学、天文学仪器的屋子却奇迹般地得以幸存了下来。

1644 年 6 月 7 日，清军入京城。摄政王多尔衮于 6 月 15 日下谕城内居民 3 日内尽行搬迁于南北城外，以便清军憩息。当日汤若望即向多尔衮呈奏《为恳乞圣明垂鉴远旅孤踪格外施恩事》，称：“臣自大西洋八万里航海来京，不婚不宦，专以昭事上帝、阐扬天主圣教为本，劝人忠君孝亲、贞廉守法为务。臣……奉前朝敕旨，修政历法，推测日月交食、五星躔度，悉合天行。著有历书表法一百四十余卷，并测天仪器等件，向进内庭，拟欲颁行。幸逢大清圣国俯念燕民遭贼荼毒，躬行天讨，伐罪吊民，万姓焚顶，没世难忘。此乃天主上帝宠之四方，隆以君师之任，救天下苍生于水火者也。……臣八万里萍踪，一身之外，并无亲戚可倚，殊为孤孑堪怜。且堂中所供圣像，龛座重大，而西方带来经书，不下三千余部，内及性命微言，外及历算、屯农、水利，一切生财大道，莫不备载。至于翻译已刻修历书板，数架充栋，诚恐仓猝那移，必多散失。……倘蒙俯准微臣仍旧居住，使臣得以安意精修，祝延圣寿而

保存经典书籍，冀图报于异日，洪德如天，感恩无地矣。”这是汤若望表示改换门庭的投路石。而第二天就有了会意的回音：摄政王颁发满文谕旨一道，准其留居原处。

紧接着，便有了汤若望同清廷最高统治者之间的一系列紧凑的对话：

6月27日，汤若望上“为公务事”，具陈历局来历和在编生员12人的状况，属工作汇报性质。

7月25日，汤若望上“为恭报日食事”，预报9月2日日食分秒时刻并起复方位，26日即奉令旨：“旧历岁久差讹，西洋新法屡屡密合，知道了。这本内日食分秒时刻起复方位，并各省直见食有多寡先后不同，具见推算详审，俟先期二日来说，以便遣官公同测验，其窥测诸器速造进览。”

8月10日，汤若望上“为恭进新法测天仪器事”，并进呈“浑天银星球一座（时盘并指时针全），镀金地平日晷一具（三角形表并罗经针全），窥远镜一具（置镜铜架并螺丝转架各一，木立架一，看日食绢纸壳二），舆地屏图六幅，诸器用法一册”，11日即奉令旨：“这测天仪器准留览应用，诸历一依新法推算，其颁行式样作速催竣进呈。”

8月21日，汤若望上“为恭进万年宝历事”，进呈“颁行新法民历式样一册”，23日奉令旨：“这恭进新历节气交脱与太阳出入昼夜时刻，按道理远近推算，诸方各有不同，果为精确。但字画细小，行款稠密，还再加开爽，以便颁行。内‘沈阳’改写‘盛京’，历尾五官等职名既系旧制，附列汤若望之后，仍取该监前进历样来看。”

8月28日，汤若望上“为遵旨预请遣官测验日食事”，30日奉令旨：“遣官已有旨了，汤若望照例携带仪器前赴观象台，如法测验。”按此前一日，即29日礼部已奉令旨：“遣大学士冯铨率制敕房中书李正茂前赴观象台督局监官生公同测验。”

9月2日，汤若望上“为恭报测验日食事”，称：“是日大学士冯铨督同局监官生齐赴观象台，臣若望亦携远镜并黄赤全仪及台上简仪等器悉心觇候。其初亏、食甚、复圆时刻分秒及方位等项测之一一俱与臣法密合，其该监所推大统、回回两法俱各疏远。此大学士逐刻登记，众皆心悦诚服，悉听大学士具题外。”8日奉令旨：“据报知内院诸臣依新法测验日食，纤忽不差，与观象台公同测验无异，具见精密。汤若望即督率监局官生用心精造新法，以传永久。”按前此冯铨已有疏奏，详报9月2日日食观测经过和记录结果，称汤若望所用的新历“尽善尽美，即局监诸臣，无不众口一词，服其精确。依此法治历明时，真可仰副朝廷敬天勤民之盛心矣”，而7日奉令旨：“览卿本，知远臣汤若望所用西洋新法测验日食时刻分秒方位一一精确，密合天行，尽善尽美，见今定造时宪新历，颁行天下，宜悉依此法为准，以钦崇天道，敬授人时，该监旧法岁久自差，非由各官推算之误，以后都着精习新法，不得怠玩。”

9月11日，汤若望上“为请给新历供费以便推算速竣兼陈本局要务事”，15日奉令旨：“治历大典，官生供费，各役月粮，既有成例，即察明支给，局旁空房准作推算缮写之所。……在局诸生照天文生例食粮办事。该监各科并回回科官生通晓新法的照旧留用，怠惰冒滥的应行裁汰，着礼部同礼科官详加改试，分别具启。内灵台仪器并选历局官生二人典守。”

在这里不厌其烦地大段引用汤若望上疏和摄政王多尔衮代幼皇帝福临发谕旨的内容，是想说明以下两个问题：

一是汤若望在明清鼎革之际，以其在天文历算方面的知识优势，从容不迫、有条不紊地完成了从效力前朝到供职新朝的过渡。一反其在明末的困顿，他在短短的三四个月的时间内，即在清初的钦天监站稳了脚跟。其间汤若望采用的策略，是“展现并宣传西法之优越”“以验天象证西法之准确”“争取制定新历之授权”和“以试新法选汰监员”。

二是清廷的最高统治者，在入主中原，百废待举之际，能临朝勤政，事必躬亲，尊重知识，尊重人才，矢公矢慎，知人任事，则政权必巩固，国家必复兴。明清易代，原本是一个生产力低下的文化落后的民族用武力夺得了全国的统治权，鼎革之际对生产力的破坏和对固有文化的摧残，都极其严重。但清所以代明而兴，特别是入关以后势如破竹，很快控制全国，实得力于武力与怀柔相配合的两手政策。在中国历史上，没有任何朝代能够像清朝那样重用降臣。降清的明臣明将如范文程、洪承畴尚且委以重任，何况多年来华的西士汤若望。

1644 年 10 月 30 日（顺治元年十月初一日），年仅 6 岁的顺治帝福临在汤若望所选定的这个“吉日”正式行登基大典，在臣民“万岁，万岁，万万岁”的欢呼声中坐上了虚位以待的龙椅。

12 月 24 日，清帝下旨：“钦天监印信着汤若望掌管，凡该监官员俱为若望所属，一切进历、占候、选择等项，悉听掌印官举行，不许紊越。”12 月 29 日，汤若望上疏：“臣思从幼辞家学道，誓绝宦婚，决无服官之理。……伏乞皇上收回成命，别选贤能……”12 月 31 日奉旨：“汤若望着遵旨任事，不准辞。”其后汤若望屡辞屡不准，终于领“修政历法管监正事”的职衔（正五品），掌管钦天监。

1645 年年底，汤若望进呈《西洋新法历书》30 种 100 卷（一说 103 卷）：治历缘起 8 卷，大测 2 卷，测天约说 2 卷，测食略 2 卷，学历小辨 1 卷，浑天仪说 5 卷，比例规解 1 卷，筹算 2 卷，远镜说 1 卷，日躔历指 1 卷，日躔表 2 卷，黄赤正球 1 卷，月离历指 4 卷，月离表 4 卷，五纬历指 9 卷，五纬表说 1 卷，五纬表 10 卷，恒星历指 3 卷，恒星表 2 卷，恒星经纬图说 1 卷，恒星出没表 2 卷，交食历指 7 卷，古今交食考 1 卷，交食表 9 卷，八线表 2 卷，几何要法 4 卷，测量全义 10 卷，新法历引 1 卷，历法西传 1 卷，新法表异 2 卷（103 卷本，缺比例规解 1 卷、五纬表说 1 卷，多奏疏 4 卷、新历晓惑 1 卷；另有多种不足百卷本，与上列 30 种大同小异，或缺其中一两种）。同《崇祯历书》相比较，除将原 44 种 137 卷删并修改为不足 20 种约 70 卷外，尚增补了 10 多种约 30 卷。

《西洋新法历书》对《崇祯历书》的删并修改主要是历表部分，对历指部分也作了一些修改。例如，在河北献县天主教堂内，曾发现汤若望修改的部分原底稿，其中《恒星历指》朱墨兼施，数据更篡之迹，赫然具陈。

《西洋新法历书》增补的内容，有治历缘起 8 卷、奏疏 4 卷、学历小辨 1 卷、浑天仪说 5 卷、远镜说 1 卷、黄赤正球 1 卷、测食略

1卷、筹算1卷、几何要法4卷、新法历引1卷、新历晓惑1卷、新法表异2卷、历法西传1卷。其中浑天仪说、远镜说、黄赤正球、测食略、新法历引、新历晓惑、新法表异和历法西传等8种13卷则是汤若望所撰，它们属于论述法原和法器的范畴，是新历中的重要内容。

因此，汤若望将《崇祯历书》删并修补成《西洋新法历书》，是下了大功夫的，其间有他创造性的劳动。过去一般认为他只是把“崇祯”二字挖补成“西洋新法”，而将徐光启等人的工作成果窃为己有，这是不太公平的。

汤若望以其所进历书“考据精详，理明数著”，“创立新法，勤劳懋著”，于1646年加授太常寺少卿衔（从四品）。

1650年，汤若望在北京兴建了一座20米高的巴罗克式大教堂。教堂上边有一座圆顶，内有三间大厅，五座圣坛。他在教堂大门的旁边墙壁上，镶嵌了一块大理石牌子，上面写着：“至万历时西士利玛窦等，先后接踵入中国传教，译有经典，著有书籍，传衍至今。荷蒙清朝特用西法，定造时宪新历，颁行历务，告竣。谨于都城宣武门内虔建天主教堂，昭明正教。时天主降生一千六百五十年，为大清顺治七年岁次庚寅。修政历法汤若望记。”

摄政王多尔衮于1650年年底在打猎时猝然死去，13岁的顺治皇帝于1651年初莅朝亲政。这年5月，顺治帝大婚前半年左右，皇后博尔济吉特氏染病，孝庄皇太后遣侍女向汤若望求医，仅言病者为某亲王之郡主。汤若望根据来人所说的症状推测，认为病情并不严重，于是将一面圣牌交付使者，嘱她将此物挂在患者胸前，即可除病消灾。据说事后果然应验，太后十分感激，命皇后认汤若望为义父。皇帝对汤若望也有了好感，但他不太相信神父能长期甘守寂寞，而不暗地寻花问柳。于是他派人秘密地监视汤若望的行动，发现汤若望每天晚上都是在祷告、看书和写作，实在是一位正人君子。此后，顺治帝便经常请汤若望到宫中叙谈。而这位60岁的大胡子西洋长者，以他的渊博学识和高尚德性很快就赢得了久居深宫的少年天子的心。小天子禁不住称呼老神父为“玛法”，满语即尊敬的老爷爷。这种称谓里包含着晚辈对长辈和弟子对老师的双重感情。他曾对左右说过：“玛法为人无比；他人不爱我，惟因利禄而仕，时常求恩；朕常命玛法乞恩，彼仅以宠眷自足。此所谓不爱利禄而爱君亲者矣！”是年9月，诰封汤若望为通议大夫，并封其父、祖父为通奉大夫，其母、祖母为二品夫人，敕缮诰命绢轴，邮寄德国。既而又加封汤若望为太仆寺卿，寻改太常寺卿（从三品）。

1653年4月，诏赐汤若望为“通玄教师”，为此发布圣旨：“尔汤若望来自西洋，精于象纬，闳通历法。徐光启特荐于朝，一时专家治历如魏文魁等，实不及尔。但以远人，多忌成功，终不见用。朕承天眷，定鼎之初，尔为朕修《大清时宪历》，迄于有成。又能洁身持行，尽心乃事。今特锡尔嘉名，俾知天生贤人，佐佑定历，补数千年之阙略，非偶然也。”这里把清代的用人政策和明代加以对比：前朝偏狭，有才不用；本朝宽厚，野无遗贤。于是汤若望成了英明君主阔大胸襟与知人善任的象征，甚至还参与国事活动，充当外交顾问。

1656年至1657年间，是皇帝与神父交往最为密切的两年。神父的奏折可以直接呈递给皇帝，而且皇帝无论是在寝宫、花园、狩猎场所还是在太后宫中，他都可以直接入见，甚至无须太监的唤传和面圣时的跪拜。皇帝也经常去看望神父，在这两年内竟然去了24次之多。1657年3月15日，皇帝二十大寿（实则19周岁），群臣趋朝拜贺，皇帝竟当众宣布，他要在玛法家过其寿诞。过完生日后，他亲笔书写“通玄佳境”堂额，令悬于宣武门教堂，并为此撰写《御制天主堂碑记》，表彰“若望入中国，已数十年，而能守教奉神，肇新祠宇，敬慎蠲洁，始终不渝，孜孜之诚，良有可尚”。碑记铭文则称：“事神尽虔，事君尽职，凡尔畴人，永斯矜式。”同年11月，授通政使司通政使，俨然正三品大员。

1658年2月，汤若望在通政使衔上“加二级又加一级”，列正一品，相当于光禄大夫的官阶。这时从他的画像上看，官帽的顶子上是一枚红宝石，胸前的补子上用银线绣着一只振翅欲飞的仙鹤。按清代官制的规定，皇帝要册封他家三代祖先。于是诰封其曾祖父、祖父、父亲分别为笃瑑、玉函、利国，其曾祖母、祖母、母亲分别为赵氏、郎氏、谢氏。

五、客有多髯者　天涯结德邻

汤若望秉承利玛窦“合儒、补儒和超儒的传教政策”，除了以天文历算等科学知识博得了皇帝和一部分士大夫的信任和好感，他本人还在改朝换代和各种派系斗争中，采取了超然的态度，广泛结交朝野的有识之士。

他同徐光启之间的深厚友谊，是基于共同理想和事业追求的忘年之交。尽管汤比徐小 30 岁，在中国文字、文化和习俗的学习上，徐是汤的先生，但汤也以他的品德操守和科学知识赢得了徐的尊重和信任。汤若望孤身一人，独处异国他乡，生活清苦艰难，每月只有二三两银子的俸禄，但他“自（天启）二年八月至六年六月止，四十七个月，共银四百七十两”，计每月得银十两，据徐光启自述，给“远臣”的报酬，“俱系辅臣自备”。而后汤若望也以同样的举动对待下属。他曾多次上疏皇帝要求提高钦天监生员的待遇，一次还具体要求将全监饷银从 208 两 8 钱 4 分增至 417 两 6 钱 8 分，而当朝廷因财政拮据拖延下发的款项时，汤若望则自己先行垫银，负责生员供食及编制历书、制造天文仪器的费用。徐光启临终前，汤若望曾临时搬到徐家宅邸给以帮助和安慰，像亲人一样不离左右。徐光启也抱病上疏，表彰汤若望治历的功绩，请求朝廷对汤“量给无碍田房，以为安身养赡之地”。徐逝世后，汤遵其遗嘱为他料理殡丧圣事，作终傅礼。

汤若望同著名的明末“四大公子”之一的方以智及其子方中通都有过学术上的交往，讨论过天文历算问题。方以智《物理小识》卷三“人身类”记载人身骨骼肌肉种类那部分，全引自汤若望的《主制群征》，但对其有关上帝创造世界之说则予以删节。方中通有《与西洋汤道未先生论历法》诗，曰：“千年逢午会，百道尽文明。汉法推平子，唐僧重一行。有书何异域，好学总同情。因感先生意，中怀日夕倾。”

汤若望还与明末清初另一位大思想家黄宗羲友善，黄宗羲对天文历法也有研究，汤若望把他在 1642 年创制的“新法地平日晷”赠送给黄宗羲。此日晷采用地平式，不同于我国传统的赤道式，但其时段刻度名称，采用十二地支，且有二十四节气，是一种中西文化合璧的日晷。这个日晷后来为另一大学者全祖望所得，他曾写《明司天汤若望日晷歌》以记其事：“司天大监汤瓯使，日晷精妙泯差参。想当制器尚象时，不传秘术宝南金。天子临轩百僚集，敬授特敕夸思深……”民国初年罗振玉收藏了这个日晷和另一个汤若望于1640年制造的较小的一个地平式日晷。

汤若望与《远西奇器图说》的译录者“了一道人”王征早在1626年相识于北京。1628年至1630年王征在西安服父丧家居期间，与汤若望过从甚密，他们合作译录写成《崇一堂日记随笔》。

范文程是清初最受信赖的汉人降臣，任内三院内秘书大学士，地位甚高，是文臣中的班首。汤若望初见顺治帝，即是由范引见的。

与龚鼎孳、钱谦益有“江左三大家”之称的吴伟业，明崇祯时进士，降清后任国子监祭酒，有《通玄老人龙腹竹歌》赞汤若望：“通玄老人来何方，碧眝赪面拳毛苍。手披地图向我说，指点西极天微茫。视彼万里若咫尺，使我不得悲他乡……”又记顺治帝莅汤若望馆舍事：“西洋馆宇逼城阴，巧历通玄妙匠心。异物每邀天一笑，自鸣钟应自鸣琴。”同时人丁耀亢亦有《同张尚书过天主堂访西儒汤道未太常》诗，云：“鬖髿窈停垂双耳，渡海东来八万里。相传印度浮屠外，别有宗门号天氏。天氏称天人主教，自谓星辰手所造……”

崇祯癸未（1643）科状元、降清后官至内翰林秘书院大学士、顺治甲午（1654）因私议“留头发，复衣冠”被冯铨参劾遭致绞刑的陈名复，与汤若望相交颇深，汤亦以益友自任，竭诚尽规。陈名复有《西洋汤道未先生来》曰：“一日两命驾，过我松亭前。执手慰老颜，不若人相怜。沧海十万里，来任天官篇。占象见端委，告君忧未然……”

汤若望“博物君子，学贯天人”，其道德文章，均堪为人师表。学生称赞他：“我师有三绝，财色与私意”，“我师有双绝，治历与演器”。他的学生甚多，真是“八万遐程燕蓟中，如云弟子向鸿蒙”，“萍寄中原四十载，薪传弟子数千行”。

1661 年 5 月 1 日，汤若望七十寿辰，“一时前朝贰臣及新朝佐命之与若望有旧者，咸骋辞摛藻，奉觞上寿，何其盛也”。据三版《主制群征》附赠言，明清进士金之俊、魏裔介、龚鼎孳、胡世安、王崇简、薛所蕴、王铎、沈光裕、庄同生、艾吾鼎，还有顺治己亥（1659）科状元、丙戌（1646）科榜眼，以及邵夔、吴统持、陈许庭、潘治、钱路加等，都有诗文相赠。其中，有信奉天主教的信徒，如钱路加，也有不信教的理学家，如魏裔介；有当时属于南人一派的金之俊、龚鼎孳，也有属于北人一派的王崇简、王铎。他们都给汤若望颂寿，关系都很友好。至于一大批降清的士大夫知识分子，和一些坚持不与清朝合作的明朝遗民如方以智、黄宗羲等，也都能同汤若望保持诚挚的友谊。可见汤若望能兼收并蓄，广交朋友，没有卷入清初的南北之争和满汉之争的政治旋涡。

汤若望受到顺治皇帝的宠信，又受到朝野人士的赞赏，这使他在传教方面获得了很大的成功。一批批传教士也因他的关系，源源不断地涌入中国，并获得自由传教的权利，天主教在华亦风靡一时，据统计，1651 年（顺治八年）至 1664 年（康熙三年）这 14 年间，全国领洗入教者，超过了 10 万人，几乎达到了此前 70 年间的总和。

但是，物极必反，泰极则否。1661 年是他人生和事业的顶峰，也是他衰败蒙难的开始。顺治皇帝的逝世（1661 年 2 月 5 日）是这一转折点的标志。

六、碧眇赪面拳毛苍　指点西极天微茫

1661 年 1 月 3 日，一个“明末居京师，以劾陈启新妄得敢言名，实市侩之魁”的安徽歙县人杨光先，向礼部递《正国体呈》，对汤若望在其《时宪历》封面上题写上传批“依西洋新法”字样大发其难，称“夫《时宪历》者，大清之历，非西洋之历也；钦若之官，大清之官，非西洋之官也。以大清之官，治大清之历，其于历面之上宜书‘奏准印造时宪历日’，颁行天下，始为尊皇上而大一统。今书上传‘依西洋新法’五字，是暗窃正朔之权以予西洋，而明谓大清奉西洋之正朔”，其“罪不容于诛矣”。又称“天主教人之狼子野心，谋夺人国，是其天性。今呼朋引类，外集广澳，内官帝掖，不可无蜂虿之防”。结果因顺治帝尚在，汤若望如日中天，礼部未予受理。

一个月后，顺治帝去世，7 岁的康熙帝继位，大权落在保守派鳌拜、苏克萨哈等四位辅臣手中。汤若望和其他传教士的处境亦一度急转直下。1664 年 4 月 20 日，汤若望突患脑溢血至半身不

遂，不能正常行走，连说话也含混不清。杨光先趁此机会再度发难，于9月15日呈《请诛邪教状》于礼部，称：“一家有一家之父子，一国有一国之君臣。不父其父，而认他人之父以为父，是为贼子；不君其君，而认海外之君为君，是为乱臣。乱臣贼子，人人得而诛之。”“西洋人汤若望，本如德亚国谋反正法贼首耶稣遗孽，明季不奉彼国朝贡，私渡来京，邪臣徐光启贪其奇巧器物，不以海律禁逐，反荐于朝，假以修历为名，阴行邪教，延至今日，逆谋渐张。”“布党京省要害之地，传教书以惑天下之人，且于《时宪历》面敢书‘依西洋新法’五字，暗窃正朔之权，以尊西洋，明白示天下，以大清奉西洋之正朔，毁灭我国。”“种种逆谋，非一朝夕，若不速行翦除，实为养虎贻患。”“伏读大清律，‘谋反’‘妖书’二条，正与若望、祖白等所犯相合。”于是汤若望、南怀仁等传教士和他们的门徒、钦天监监副李祖白等因此而下狱。

清廷礼部会同吏部大堂从1664年9月26日起对汤若望等人进行了几轮审讯，前后达数月之久。1665年1月15日，刑部议拟对汤若望以图谋不轨之首犯判处绞刑，到了4月，则议拟处斩，而四位辅臣则认为应予凌迟。但4月13日北京上空出现彗星，这被认为是不祥之兆。4月16日对汤若望的判决递呈皇帝与太皇太后时，北京又连连发生地震，弄得人心惶惶。4月19日皇帝谕旨赦免一些普通的犯人，南怀仁因此而得以出狱。5月18日，汤若望也被赦出狱，然李祖白等5位信仰天主教的钦天监官员，被处斩刑，做了刀下冤鬼，而原居内地的传教士，则一律驱至澳门。

1664年5月23日，圣神降临节之前夕，汤若望才回到了被官府启封了的寓所，这位经历了从荣誉的高峰到耻辱的低谷跌落过程的老人，再也无法恢复其元气。两年以后，1666 年 8 月 15 日，即圣母升天节时，汤若望溘然长逝。其无妻室，曾于 1661 年过继一潘姓侍从之子为孙，改姓汤，名士宏。

1665 年 5 月 21 日，清廷授杨光先为钦天监监副，杨自 5 月 28 日至 10 月 2 日接连五次叩上《辭辞疏》，提出“六不敢受职之畏，二不敢受职之羞”：“同朝共事者率与邪教朋比为奸”，害怕报复，畏于就职；自己“但知历理，不知历数”，“精神耗钝”，“聋老昏愦”，羞于上任。结果，清廷不仅不准其辞职，反而于 10 月 22 日授他为钦天监监正。

杨光先终于“不得已”而上任。他废时宪，复用大统，抱残守缺至如此地步：竟然于 1666 年 3 月上疏乞“饬礼部采宜阳金门山竹管、上党羊头山秬黍、河内葭莩备用”，以供制测候之器。后来，那些地方的竹管、秬黍、葭莩之类总算采到，他又于 1668 年上疏称“律管尺寸，载在《史记》，而用法失传；今访求能候气者，尚未能致。臣病风痹，未能董理。”

1668 年 12 月，南怀仁劾奏杨光先的同伙、钦天监监副吴明烜所造康熙八年（1669）七政民历内，本年十二月闰，应移置康熙九年（1670）正月，又一年有两春分、两秋分等差错，康熙命诸大臣会同杨光先、南怀仁等共同测验，其立春、雨水两节气和火、木二星躔度等，南怀仁言悉应，吴明烜言悉不应，遂罢杨光先官，任命南怀仁“治理历法”，复用《时宪历》。

1669 年，羽翼渐丰的康熙帝一举翦除了鳌拜。南怀仁等复呈告杨光先依附鳌拜，捏词陷人，将历代所用洪范五行称为灭蛮经，致使李祖白等人无辜被戮，汤若望等人冤枉下狱。这次一翻前案，对汤若望、李祖白等平反昭雪，革职流外者仍旧起用，而杨光先则拟斩。康熙帝念其年老，赦遣还籍，卒于道中。

1669 年 12 月 8 日，康熙帝赐地重葬汤若望于北京阜成门外利玛窦墓旁，至今汤若望的墓碑上还镌刻着这样的碑文："皇帝谕祭原任通政使司通政使，加二级又加一级，掌钦天监印务事，故汤若望之灵曰：鞠躬尽瘁，臣子之芳踪；恤死报勤，国家之盛典。尔汤若望，来自西域，晓习天文，特畀象历之司，爰锡'通微教师'之号。遽尔长逝，朕用悼焉，特加恩恤，遣官致祭。呜呼！聿垂不朽之荣，庶享匪躬之报。尔有所知，尚克歆享。康熙八年十一月十六日。"

汤若望晚年的"历狱"，人们将其原因多归之于杨光先的陷害及与之相联系的中西历法之争和宗教信仰冲突，殊不知"历狱"只是表层现象。杨光先诬告的要害是谋反罪，这才是置人于死地的十恶不赦的罪名。其实，杨光先早在《日食天象验》等貌似纯天文学学术论著中已经把问题引申到了政治方面："汤若望之历法，件件悖理，件件舛谬，乃诧于人曰：我西洋之新法，算日月交食有准……即使准矣，大清国卧榻之内，岂惯谋夺人国之西洋人鼾睡地耶！""宁可使中夏无好历法，不可使中夏有西洋人。无好历法，不过如汉家不知合朔之法，日食多在晦日，而犹享四百年之国祚；有西洋人，吾惧其挥金以收拾我天下之人心，如厝火于积薪之下，而祸发之无日也。"所以，"历狱"的背后，是守旧与革新、封闭与开放两种政治势力的较量，它以西学东渐史上西方科学与我国传统旧学之间的冲突形式表现出来。而我国封建专制制度下的政治斗争，往往又同朝廷内部的权力斗争交织在一起。最高统治者——皇帝或者皇帝后面掌实权者的喜怒好恶往往决定了基本国策和政治路线。汤若望的“历狱”不发生在顺治朝，也不发生在康熙亲政以后，而发生在顺、康交替过程中的索尼、苏克萨哈、遏必隆、鳌拜四人辅政时期，是耐人寻味的。恩宠汤若望的顺治之母孝庄太皇太后悉知历狱后大怒，说：“汤若望向为先帝所信任，礼待极隆，尔等岂俱忘却，而欲置之死地耶？”后来为昭雪冤案，南怀仁等受康熙旨意所写的申诉书中也强调：“世祖章皇帝数幸堂宇，赐银修造，御制碑文，锡若望嘉名。若系邪教，先帝圣明，岂能如此表章？”汤若望的升降浮沉、起伏曲折，反映了中国历史进程中宫廷权力的攘夺和政治上的基本国策同学术上对外来科学传入的态度交织在一起的复杂斗争。守旧与革新，封闭与开放，两种势力的反复较量，自明末清初以来，不知进行了多少个回合，造成了近代中国在世界舞台上的大落伍。

汤若望死后3年，于1669年被康熙厚葬，似乎应该盖棺论定，但未必然。他虽被平反昭雪，却仍然不得安宁。1900年义和团运动期间，外国传教士的墓地遭到破坏，汤若望的墓碑亦被推翻。又是3年以后，光绪帝派人重修墓地，再立墓碑，并置墙刻石，铭曰：“此处乃钦赐天主教历代传教士之茔地。光绪二十六年拳匪肇乱，焚堂决墓，伐树碎碑，践为土平。迨议和之后，中国朝廷为已亡诸教士雪侮涤耻，特发帑银为恤款，重新修建。勒于贞珉，永为殷鉴。”

1966 年，汤若望辞世 300 年，史无前例的“文革”爆发，于是这处墓地再次遭到破坏。这次汤若望的墓碑不仅被推倒，还被砸成三段。13 年后再次重修时，墓碑上段已找不到了，只得把中段和下段用水泥粘接。遗憾的是，修复墓碑的施工人员不慎又将正反两面倒置。于是，残首断腰的汤若望墓碑只好背向而立了。

夏鼐先生曾讲过修复墓碑时的一个“逸事”：当时上面指示修复利玛窦、汤若望、南怀仁 3 人的墓地，下面有具体办事者，却不知他们是何许人，以为他们是“文革”中受迫害的外国人，竟然到当地派出所去查过这 3 位“被迫害致死的外国人”的户口，派出所当然不会存有三四百年前传教士的户籍档案，哪里查得出什么结果来。真是令人啼笑皆非！

前车之鉴，后世之师。徘徊在镌刻有“北京市文物保护单位：利玛窦及明清以来外国传教士墓地”汉白玉石碑的小园地，面对生前死后三起三落的汤若望那块两砸两立的墓碑，我想：会不会有第三次砸碑立碑的历史悲喜剧重演呢？虽则难说，但愿不至于吧！

（作者：王渝生）

伟烈亚力

欧洲近代科学的传播者和中国科学史研究的开拓者

伟烈亚力

（Alexander Wylie，1815—1887）

自 1807 年伦敦会派遣马礼逊到中国，新教传教士接踵来华。鸦片战争之后，西学传入达到了第二个高潮。在传播西学的同时，一些传教士开始研究中国科学，促进了西方人对中国科学历史与现状的了解，伟烈亚力是其中成就最为卓著的传教士和汉学家，也是继 18 世纪法国耶稣会士宋君荣、19 世纪法国汉学家毕奥之后，最早研究中国科学史的先驱者之一。对李善兰和伟烈亚力等人的科学译书活动，学者已有所论。但迄今为止，尚未有人对伟烈亚力的科学活动进行深入全面的研究。本文将根据新发现的中西文史料，简要介绍伟烈亚力的生平、在引进西方科学方面所做的重要工作；并着重探讨伟烈亚力研究中国科学史，特别是数学史、天文学史的背景、成就及其在欧洲学术界产生的反响，进而分析他的中国科学观，对他如何看待科学和宗教之关系，也进行了论述。

一、生平简历

1815 年 4 月 6 日，伟烈亚力生于伦敦，其父亲是苏格兰人，伟烈亚力排行第四，是最小的儿子。年轻时，他就希望到中国，在没有师授的情况下，自己开始学习汉语。他买了一本法国耶稣会士马若瑟用拉丁文写的汉语语法著作《汉语札记》，为了读懂它，他开始学习拉丁语。后来他又从英国海外圣经公会得到新约圣经之汉文译本，便开始认真学习汉语。1846 年，英国伦敦会传教士、汉学家理雅各返回伦敦时，急切希望为伦敦会找到一位合适的人选，来负责上海墨海书馆的印刷事务。有人向理雅各推荐了伟烈亚力，他们见面之后，使理雅各颇感惊奇的是，仅凭马若瑟汉语语法著作和新约圣经的情况下，伟烈亚力竟然能够阅读中文福音著作，并粗通大意。不久，伦敦会派他去学习了 6 个月的印刷，理雅各同时教他学习中文。第二年，伟烈亚力作为印工，被伦敦会派往中国，在航行 133 天之后，于 8 月 26 日，和慕维廉、本杰明·索思韦尔同时抵达上海。

到达上海的第二天，伟烈亚力马上给伦敦会的蒂德曼牧师写了一封信，报告了自己初到上海的一些情况，他当时和慕维廉、麦都思住在一起，本杰明·索思韦尔则和传教士医生雒魏林合住。慕维廉也曾写道：

> 我们受到了本会前辈麦都思博士和雒魏林很好的接待，在预定的时间我们被安排在不同的地方。他们已经在上海住了 4 年，是新教传教工作在华北（North China）的先驱者。

鸦片战争之后，中国和英国签订和约，麦都思即至香港，后至上海，于 1843 年创立墨海书馆。除香港和澳门外，墨海书馆较早采用西方传入的铅字印刷机器，伟烈亚力在那里主要是负责《圣经》和福音著作的印刷。他到上海不久，新的印刷机运到，但损坏严重，不能开始工作。次年6月，印刷机已开始正常运转，他同时努力学习汉语，散发布道品。印刷机的传入，使成本下降，但伟烈亚力在墨海书馆的工作却因此极为繁忙，他曾写道："我的时间整个被印刷占去，机器从早上一直开到第二天凌晨两三点。"他投身印刷工作，尽心尽职，同时又学习了法文、德文、俄文，以及满文和蒙古文，甚至希腊文、维吾尔文和梵文。他博览东亚历史、地理、宗教、哲学、艺术和科学著作，是一位出色的汉学家。

墨海书馆是当时中西学人接触的重要场所。文人王韬和著名数学家李善兰，都先后在这里参与西方著作的翻译工作；徐有壬、郭嵩焘、徐寿、华蘅芳等对西学有兴趣的文人，都曾访问过墨海书馆。当徐寿、华蘅芳见到合信的《博物新编》之后，对西方科学"新理"表示了极大兴趣，当时伟烈亚力、韦廉臣和李善兰在那里翻译《谈天》和植物学等书，因此徐寿、华蘅芳有机会和他们相谈，后来又见到了艾约瑟、慕维廉、杨格非等传教士，在墨海书馆汲取西学新知，开阔了他们的视野，为日后的科学活动打下了基础。

关于伟烈亚力和李善兰在墨海书馆的翻译活动，是19世纪西学传入中国的重要事件，下节将详加讨论。除此之外，伟烈亚力也参与了江南制造局翻译馆的译书工作，翻译馆是1867年冬，经徐寿、华蘅芳之倡议开始工作的。伟烈亚力和徐寿合译了英国美以纳、白劳那合撰的有关蒸汽机的著作，名为《汽机发轫》，1871年由江南制造局刊刻。伟烈亚力之所以翻译此书，很可能受到了徐寿的怂恿，因为徐寿对蒸汽机颇感兴趣，并首次研制了轮船“黄鹄”号。此外，伟烈亚力还对《谈天》进行了增订，由徐建寅协助，1874年10月在上海出版。伟烈亚力还译过《分光求原》一书，但未出版。

1864年，麦都思之子、英国驻上海领事麦华陀建议设立格致书院。同年3月24日，伟烈亚力被推举为四位西人董事之一。1874年又推举他开具科学书目，以便购买。伟烈亚力实为上海格致书院主要创办人之一。此外，1872年伟烈亚力曾参与“有用知识在中国的传播”的会议，与会者还有美国传教士丁韪良等人；同年，传教士卢公明在福州出版的《中文词汇手册》的天文数学术语，也是由伟烈亚力完成的。

在上海负责墨海书馆印刷事务期间，伟烈亚力热心传教，经常到附近地区布道。1860年，他离开上海回到英国。在英国期间，他由伦敦会转到英国海外圣经公会。作为该会代理人，1863年11月，经由圣彼得堡和西伯利亚到达北京，一直负责到1877年离开中国。1868年，在伦敦会传教士杨格非的陪同下，到了四川、汉口等地，经历了5个多月，行程达2500英里。其间，他访问了清代十八省中的十四个省，经常冒着生命危险。美国传教士林乐知在《中国教会新报》以《伟烈先生回申》为标题，对此作了报道：

伟烈先生，大英人也。自今年正月动身至汉口，与大英杨教师结伴周游中国十八省宣道，分而至各处，有纯善接待之区，有狼毒残害之境，大受窘逐，惟照主之道理忍耐，忍受劳苦，于二十三日又回上海，与上海会中人见之，不胜喜跃矣。

除上述科学和传教活动之外，伟烈亚力也编辑了一些杂志，如1857年（咸丰丁巳）初，创办了《六合丛谈》，由墨海书馆印行。刊物前有他1857年元月（咸丰丙辰十二月）写的小引，称：

溯自吾西人越七万余里，航海东来，与中国敦和好之谊，已十有四年于兹矣。……今予著《六合丛谈》一书，亦欲通中外之情，载远近之事，尽古今之变。见闻所逮，命笔志之，月各一编，罔拘成例，务使穹苍之大，若在指掌，瀛海之遥，如同衽席。是以琐言皆登诸纪载，异事不壅于流传也。是书中所言天算舆图，以及民间事实，纤悉备载。粤稽中国，载籍极博，而所纪皆陈迹也。

这段话道出了此书出版之宗旨，欲以中外新知，来替代陈旧的知识体系，让人知道世界发展之大势。此刊在某种程度上继承了1853年香港创刊的《遐迩贯珍》的编纂风格，内容涉及天文学、地理、化学和历史，也及时介绍了一些新的出版物，如慕维廉的《大英国志》、祎理哲的《地球说略》、合信的《西医略论》，以及艾约瑟自1852年（咸丰壬子）以来每年所编的通书等。此外《西国天学源流》一文，分多期刊载，介绍了西方天文学发展的历史脉络，最后详细谈到了第谷的生平；对化学元素研究的最新进展，也作了报道。撰稿者有伦敦会的慕维廉（关于地理）、艾约瑟（关于西学）、韦廉臣（撰写“真道实证”，寓科学于宗教，即自然神学的内容）和蒋敦夏、王韬（利宾）等华人，基本上都是在墨海书馆工作的同事，其中《西国天学源流》未题作者，实际上是由伟烈亚力口译、王韬写成的，后来此文收入王韬《西学辑存六种》中。

在19世纪50年代，一些西方有识之士认识到，欧洲和中国的交往，仅靠茶叶、丝绸等物品的贸易是远远不够的，还需要精神层面的交流，因此创立了皇家亚洲学会华北分会（习称亚洲文会）。《中国文库》第一位编辑、美国传教士裨治文担任学会首任主席，1857年10月16日发表了就任演说，后来伟烈亚力出任学会副主席，并经常给《亚洲文会杂志》撰稿，也为杂志的编辑出过力。

《教务杂志》1867年元月创立于福州，由美国传教士保灵和卢公明牧师主编，不久移到上海出版。1874年伟烈亚力接替编辑工作，对有关历史、地理的文章给予了较大的篇幅。此刊发表了一批佳作，其中不乏新见，如俄国汉学家鲍乃迪和贝勒关于古代中西交流的文章，即是其中的代表。这是伟烈亚力在华最后的重要工作，由于年事已高，以及不断校订中文《圣经》，过度的疲劳，导致他视力衰退，被迫于1877年7月回到英国。他的离去，对中国历史和地理的研究是一个很大的损失，无论是作为撰稿人还是编者，他都付出了大量心血。回国前夕，吴江沈寿康有诗相赠：

抱道来华三十年，书成微积与谈天。重洋跋涉休嫌远，赢得才名到处传。

阅遍山川眼界开，校书终岁又敲推。罗胸星宿谁能似，格致探源众妙该。

仁爱谦和迥出群，情深古道重斯文。樗材不意蒙陶铸，攻玉他山重赖群。

屈指归途几万程，赋诗草草送君行。殷勤赠别无多语，早盼征轺返沪城。

此组诗是对伟烈亚力在华活动的全面写照和高度评价，他来华整整30年，为人“仁爱谦和”，给中国文人留下了深刻的印象，上面诗中表达了他们对伟烈亚力的怀念之情，并希望他能再度回到上海，但不幸的是，他回国后眼疾加剧，未能如愿。1848年，伟烈亚力在上海和玛丽小姐结婚。第二年，夫人去世，留下一个女儿，此后伟烈亚力未再娶。1883年2月6日，因病双目失明，身体日趋虚弱。最后两年，他卧病在床，1887年2月6日去世。

二、墨海书馆的科学活动

上海开埠，逐渐成为新教传教士活动的重要场所，大量西方科学译著，亦在上海出版，继澳门、香港和宁波之后，成为印刷的中心，西学的传入达到了第二个高潮。新教传教士在某种程度上替代了耶稣会士在明末清初所扮演的角色，其主要活动已不再局限在宫廷，而是深入民间，和文人合作译书。译书工作由传教士口述，中国学者笔录，最后由中国文人对译著加以润色。明末清初耶稣会士和中国文人一起翻译的西方科学著作，是伟烈亚力和李善兰翻译工作的基础，如许多数学词汇沿袭了清初的翻译著作。李善兰虽然不懂英文，但由于他在数学方面天赋极高，使他能很好领会西方数学内容，同时也能恰当地创造一些新的词汇，为后世所沿用。

从1847年到达上海至1860年返回伦敦，伟烈亚力一直为伦敦会服务，负责墨海书馆的印刷工作。1860年之后，华花圣经书房从宁波迁到上海，改名美华书馆，由于其印刷能满足当时传教之需要，很快代替了墨海书馆的地位。1863年之后，他为英国海外圣经公会服务，主要负责《圣经》的散发工作。

伟烈亚力在墨海书馆一共出版了4部数学著作，其中3部是和李善兰合译的，即《几何原本》后9卷（1856年，松江1857年）、《代微积拾级》18卷（1859）、《代数学》13卷（1859），他们还一起翻译了一部天文学著作，即《谈天》18卷（1859）。这些书的出版，是他们通力合作之结晶。李善兰和艾约瑟翻译的《重学》20卷（1859），伟烈亚力也曾参与部分工作。

伟烈亚力撰写的第一部数学著作是《数学启蒙》，1853年在墨海书馆雕版印刷，书凡二卷，前有自序称：

> 余自西土远来中国，以传耶稣之道为本，余则兼习艺能。爰述一书，曰《数学启蒙》，凡二卷，举以授塾中学徒，由浅及深，则其知之也易。譬诸小儿，始而匍匐，继而扶墙，后乃能疾走。兹书之成，姑教之匍匐耳，扶墙徐行耳。若能疾走，则有代数、微分诸书在，余将续梓之。俾览其全者，知中西二法，虽疏密详简之不同，要之名异

而实同，术异而理同也。

此序体现了伟烈亚力的长远设想，即采用循序渐进的方式，实现其翻译计划，可以说，之后《代数学》《代微积拾级》的出版，也是这一理想的逐步实现，在某种程度上也体现出他的译书策略。在序中，他之所以要对中法西法之异同加以说明，是针对清代著名数学家梅文鼎之孙梅瑴成首倡借根方和元代天元术相同的说法，引起乾隆中期之后对中西数学优劣的争论，致使当时数学家以为天元术更为精密，而不再研习借根方。伟烈亚力指出中西数学道理相通，对学习西方数学是很好的借口，也是一项折中之举。

《数学启蒙》介绍的是初等数学知识，包括加减乘除法则、通分、约分，以及开平方、开立方、对数、对数表等内容，此书的基础是康熙御制的《数理精蕴》，有些练习题则参考了利玛窦、李之藻的《同文算指》和陈杰的《算法大成》。李善兰是在书出版前一年到达上海的，曾参与此书的润色和修订。此书出版后，曾多次再版，反映了读者对此书的需求。

伟烈亚力和李善兰的真正合作，当以续译《几何原本》后九卷为始。1857 年，李善兰在序中称：

岁壬子（1852）来上海，与西士伟烈君亚力约续徐、利二公未完之业。伟烈君无书不览，尤精天算，且熟习华言，遂以六月朔为始，日译一题。中间因应试避兵诸役，屡作屡辍，凡四历寒暑始卒业。

徐光启、利玛窦合译的《几何原本》前六卷，因非完本，令后世学者颇为遗憾，有的学者（如梅文鼎）甚至以为“有所秘耶，抑义理渊深，翻译不易故耶”。针对这一看法，伟烈亚力解释道：“学问之道，天下公器，奚可秘而不宣。”因此欣然担任《几何原本》后九卷的翻译工作，这一方面“继利氏之志”，同时“亦解梅氏之惑”，消除了200多年来学者的遗憾。当时有人认为西方人来中国之目的，是“借历算为名，阴以行其耶稣主教者”。《几何原本》后九卷的翻译，其作用在于打破中国人所认为的传教士“秘而不宣”的想法，有利于中国人和西方人之沟通，也利于传教事业之发展。

《几何原本》后九卷译自英文本，有人认为可能是根据英国数学家、牛顿之师伊萨克·巴罗1660年的底本，但仍需详加考证。《几何原本》全译之出版，总算圆了中国人250多年的梦。此书出版后，反响很大，时人即把伟烈亚力、李善兰和利玛窦、徐光启的翻译相提并论，这并不为过。

《几何原本》后九卷翻译完成后，接着伟烈亚力和李善兰又合作翻译了《代数学》和《代微积拾级》。前者译自英国数学家棣么甘 *Elements of Algebra*（1835）一书，1859年由墨海书馆活字印刷。在此书中，伟烈亚力首先解释了代数及其历史，并批评“阿尔热巴拉”即“东来法”说法之错误：

> 近代西国，凡天文、火器、航海、筑城、光学、重学等事，其推算一皆以代数驭之。代数术略与中土天元之理同，而法则异。其原始即借根方，西国名阿尔热巴拉，系

> 天方语，言补足相消也，昔人译作东来法者非。此法自始至今，屡有更改，愈改愈精，故今之代数，非昔可比，虽谓今之新学也可。

此序目的是为了说明，清初康熙时代编译的《借根方比例》（即代数学），在后来又得到了长足的发展，代数学比“借根方”更为先进。在翻译中，他们既没有用传统的“天元”一词，也没有沿用清初的“借根方”和“阿尔热巴拉”，而创用“代数”一词，给人以全新的概念，这种译法，可避免产生某种误解。一则区别于“借根方”，二则也说明和“天元术”之不同，表现出伟烈亚力和李善兰对数学名词定名之审慎。

《代微积拾级》，1859年出版，译自美国数学家罗密士的*Elements of Analytical Geometry and of the Differential and Integral Calculus*（1850），这是微积分理论第一次传入中国。此书创立了许多新的名词，书名中“代”指“代数几何”（即解析几何），“微”指微分，“积”指积分，书名的意思就是关于解析几何、微分和积分的基础。它的翻译，很大的原因是当时有一批中国数学家对级数研究感兴趣。此书出版后不久，在文人中引起了很大反响，如徐有壬、冯桂芬、顾观光、夏鸾翔等，都不同程度上对微积分表示关注，促进了对微积分的学习与研究，冯桂芬还写了一本微积分的著作《西算新法直解》，试图对《代微积拾级》进行疏解，但因其改变了原来的数学表达方式，因而遭到时人之非议。

《谈天》则译自约翰·赫歇尔的*Outlines of Astronomy*，题英国赫失勒原作，伟烈亚力口译，李善兰删述，咸丰己未（1859）墨海书馆活字印刷。在英文序中，伟烈亚力称赞中国人自古以来就是勤奋的观测者，积累了丰富的天象资料，能够在一定程度上预测天象，但中国人并没有解释复杂天象的原因，翻译赫失勒著作的目的就是更为完整地向中国人介绍欧洲天文学的发展，包括天文的事实、理论、研究成果和现象，以证明上帝之伟大。此书还有李善兰的序，开门见山地对当时中国流行的对西方天文学的错误观点进行了批评：

> 西士言天者曰：恒星与日不动，地与五星俱绕日而行。故一岁者，地球绕日一周也。一昼夜者，地球自转一周也。议者曰：以天为静，以地为动，动静倒置，违经畔道，不可信也。西士又曰：地与五星及月之道，俱系椭圆而历时等，则所过面积亦等。议者曰：此假象也，以本轮均轮推之而合，则设其象为本轮均轮，以椭圆面积推之而合，则设其象为椭圆面积，其实不过假以推步，非真有此象也。窃谓议者未尝精心考察，而拘牵经义，妄生议论，甚无谓也。

上面提到的“议者曰”，是指阮元、李锐等人对西方天文学的保守看法。1761 年，当乾隆 50 岁生日时，法国耶稣会士蒋友仁向乾隆进献了一幅世界地图，并在图旁解释了哥白尼的日心说，后来由何国宗、钱大昕加以润色，由阮元出版，名为《地球图说》。在

《畴人传》卷四十六“蒋友仁”传之后，李锐对哥白尼学说横加评论，称其“乃未几而向所谓诸轮者，又易为椭圆面积之术，且以为地球动而太阳静，是西人亦不能坚守其前说也。夫第假象以明算理，则谓为椭圆面积可，谓为地球动而太阳静，亦何所不可？然其说至于上下易位，动静倒置，则离经畔道，不可为训，固未有若是甚焉者也”，这种观点在当时颇为流行，李善兰针对这些谬见，提出了尖锐的批评。

《谈天》出版之前，只有为数不多的书刊介绍了一些西方天文学知识，而《谈天》则系统介绍了西方天文学的新进展，使中国人的天文学知识从明末清初传入的水平，大大前进了一步。此书创用了一些新的天文学词汇，如在描写月球理论时使用了“摄动”“出差”等概念。从1859年出版以来，颇受读者青睐，曾多次翻印，除墨海书馆活字本之外，还有同治年间的活字本和木刻本，后两者增加了“赫失勒传”和像，为伟烈亚力和徐建寅所增，当刻于江南制造局，根据的是英文的第十版，增加了15年来天文学的新发现。

伟烈亚力和李善兰在墨海书馆的另一项重要工作，则是翻译英国著名数学家牛顿的《自然哲学的数学原理》，当时译作《奈端数理》。此书多年来已不知下落，笔者留心多年，也杳无踪迹可寻，1995年春，有机会访问英国，欣喜地发现了《奈端数理》的稿本，共63页，傅兰雅在《江南制造总局翻译西书事略》一文中曾提及李善兰“又与伟烈亚力译《奈端数理》数十页”，当指此稿本而言。此稿本亦称《数理格致》，卷首给出了八个“界说”（即定义），如“界说一：凡质之几何，为疏密与大小相乘数”，即为质量和密度、体积关系的定义；“界说三：质阻力，乃质之本力能阻外力，故质体或静或直行，设无外力加之，永不变也”，是关于物体的惯性；“界说四：加力，乃力加于体，令变动静，受加力之体，或本静或本直行”，说明物体运动和外力的关系。此外还有公论三则，“凡体或静或以平速行直线，若非外力加之，则永不变”，“凡动之变与所加之力有比例，亦准加力之方向”，“凡用力必有相等之反力，即二体相与，用力恒相等，其方向相反也”，是关于牛顿运动三定律的首次介绍。此稿内《数理钩元》卷一“动理”，第一章“论首末比例为后诸题之证”，介绍了十一个引理；第二章“论心力所生之动”，即介绍向心力；第三章“论体在圆锥谱曲线道，以曲线心为力心之向心力”，即物体在圆锥曲线上的运动；第四章“论有心求椭圆抛物双线诸形”，即由已知焦点求椭圆、抛物线、双曲线轨道。综上所述，可知《奈端数理》翻译介绍了牛顿《自然哲学的数学原理》的定义、运动的公理和定理，以及第一编“物体的运动”的前四章。在《自然哲学的数学原理》一书中，牛顿用运动三定理来处理物体的运动，发现了万有引力定律，并运用数学方法由万有引力定律求出行星、彗星、月球和海洋潮汐的运动规律，在科学史上具有划时代的意义。尽管早在乾隆时代，我国学者在耶稣会士戴进贤和徐懋德的帮助下，编成了《历象考成后编》，书中提到牛顿（当时译为“奈端”）的名字，但其中有关月球理论和月离表是根据戴进贤的朋友、德国耶稣会士、天文学家格拉马蒂奇的著作编写的，后者的基础是牛顿有关月球的理论，牛顿学说并没有系统介绍到中国来。因此《奈端数理》一书，是牛顿《自然哲学的数学原理》的真正翻译介绍，在中国科学史上具有重要意义。

三、中国科学史研究：《中国算学说略》和《中文文献提要》

伟烈亚力不仅把一些西方科学著作翻译成中文，同时，也撰写了不少有关中国科学史的文章，是中国科学史研究的先驱者之一。他对中国科学的喜爱，或许出自他对中国人的友好。在《代数学》序中，他这样写道："余自欧洲航海七万里来中土，实爱中土之人。"这是他对中国人友好感情的流露。

1850 年，奚安门在上海创刊《北华捷报》，每周一期。由于当时上海电报尚未开通，通信不便，新闻很少，因此奚安门在《北华捷报》开辟了一些版面，刊登科学文章。19 世纪五六十年代，伟烈亚力在《北华捷报》等杂志上发表了大量文章，主要讨论中国历史，中国数学史和天文学史是其中的重要内容。除了关于明代在西安发现的景教碑文的考证外，早在 1852 年，伟烈亚力在《北华捷报》连续刊载了《中国算学说略》一文，这是他撰写的第一篇专门讨论中国古代数学成就的论文。据伟烈亚力所言，此文的目的是引起读者对中国算学的注意，并纠正当时一些出版物的错误说法。

梅文鼎关于西学和中国传统科学关系的论述，曾引起伟烈亚力的兴趣。由于当时一些学者受西学影响，忽视了中国传统科学的内容，梅文鼎试图找回这一失去的传统，并从多方面予以证明，伟烈亚力对梅文鼎的观点是非常熟悉的。康熙时代御制的《数理精蕴》在一开头也提出了类似的观点，称：

我朝定鼎以来，远人慕化，至者渐多，有汤若望、南怀仁、安多、闵明我，相继治理历法，间明算学，而度数之理渐加详备。然询其所自，皆云本中土所流传。

以上所论，均是“西学中源”说的观点，亦即认为西方天文历算知识来自中国。虽然这一说法，初看起来有些可笑，但伟烈亚力深深感到，有必要进行更深入之探讨，如中国人的证据有多大的可信度，其根据何在。伟烈亚力并用一些事实来说明中国古代也有一些数学知识。也可以说，“西学中源”说之盛行是伟烈亚力研究中国传统数学的原因之一。

伟烈亚力对中国古代数学成就，从多方面给予了高度评价。他对中国数学史的研究，主要包括对传统数学典籍的介绍，如《九章算术》、《周髀算经》、《五曹算经》、《数术记遗》、《夏侯阳算经》、《张邱建算经》、王孝通《缉古算经》等，特别是对《九章算术》的具体内容进行了介绍，宋元数学家的一些工作，如秦九韶的《数书九章》，杨辉的《详解九章算法》《详解日用算法》《乘除通变本末》，李冶的《测圆海镜》也是他讨论的重点，而这和后来《中文文献提要》一书是一脉相承、互为补充的。

关于《孙子算经》的不定分析，伟烈亚力用数页的篇幅专门进行了论述。他还翻译了《数书九章》“大衍求一术”问题和它的说明，由于秦九韶对不定分析问题作了完整的解释，使得伟烈亚力能够很好地加以理解。

伟烈亚力还对秦九韶《数书九章》高次方程的解法给予了高度

评价。众所周知，宋元时代对高次数学方程求根的近似值的做法，是我国数学的杰出贡献。而在欧洲，1802 年，一个意大利的科学协会为了改进高次方程的解法，曾设立金质奖章，为保罗·鲁菲尼所得。1819 年，英国数学家霍纳独立发展了一个相同的方法，他们的方法得到广泛传播，并为一些教科书所采用。而这一发现在伟烈亚力来华之前不久刚出现，因此当伟烈亚力看到秦九韶的著作之后，便敏锐地注意到了《数书九章》的方法和霍纳法的相似性。伟烈亚力认为“玲珑开方”中的方法，在欧洲是最近的事情，他列举了秦九韶著作中的一个例子，并给出了具体的演算方法，他认为秦九韶的方法，和 1819 年霍纳法是一致的，因此他认为这项发明权应属于中国，他写道：

> 情况似乎是：一些人已经认为对霍纳法的发明权之争是有道理的，也许使欧洲朋友始料不及的是，在天国（即清朝帝国）发现了第三位竞争者，他有相当的机会能够要求对这个发明的优先权。

此外伟烈亚力还详细论述了“天元术”，批评了西方一些学者所认为的中国数学没有位值制的概念。对于中国古代位值制的重要意义，李约瑟在《中国科技史·数学卷》“记数法、位值制和零”一节中也有很高的评价，他说：“如果没有这种十进位制，就几乎不可能出现我们现在这个统一化的世界了。”对于中国古代传统数学的十进位制，伟烈亚力也给予了高度的评价，并以天元术为例进行说明，他认为天元术的表达方式，比欧洲托马斯·哈里奥特发明的方程表述法要早五个多世纪。朱世杰《四元玉鉴》中的四元术是伟烈亚力感兴趣的另一个重要问题。他对宋元数学在明代传播接受的情况进行了论述，如顾应祥对天元术的无知，也从历史的观点加以说明。接着，伟烈亚力介绍了西方代数学（借根方）在中国的传播情况，认为“借根方”并没有比天元术显示出任何优点，这是当时一些中国人的共识，但同时他指出“阿尔热巴拉”为“东来法”，即西方代数学来自中国的说法是错误的。伟烈亚力的论述，和当时的情况密切相关，后来艾约瑟撰写《阿尔热巴喇附考》一文，也是基于同样的考虑，并参考了伟烈亚力的文章，艾约瑟称：

> 英国伟烈先生，于咸丰三年时，寓居上海，著《中国算学说略》一幅，列入上海历书。此历书乃以英文集成，为英人居于上海用者。其书内云：康熙年间，钦天监中欧罗巴洲人，翻有借根方算学书一部，其名无考。彼时中国不知有天元算法，何以言之？国朝命官著订《律例渊源》时，曾用借根方，未用天元方，想其不知算学中有是书，且中国于论借根方时，谓阿尔热巴喇为译言东来法，乃出人意表之差。或昔时上呈御览时，有误用之语，亦未可知，名其书为阿尔热巴喇，乃亚喇伯语，即有能复原之消化法。吾言中国著《律例渊源》时，不知有天元书，亦大有证据，天元一，彼书用为一根，天元之正负，彼书用为多寡，天

元之通数，彼书用为等书。尝考通数根之算法书，而天元一又较胜于借根方矣。

伟烈亚力《中国算学考略》一文发表后，很快由比尔纳茨基首先译成德文，在欧洲产生了很大反响。巴黎科学院的永久秘书约瑟夫·贝特朗也认为在《学者杂志》刊载两篇伟烈亚力的长文对西方数学家来说也是必要的，这体现了这篇文章的重要学术价值。这是伟烈亚力研究中国科学史的开始，是对中国科学史研究的重要贡献，他的文章现在仍有参考价值。伟烈亚力对中国古代数学的评论基本上是正确的，但也有一些地方和史实相出入，如认为《赤水遗珍》的作者是梅文鼎，并认为李善兰是李锐的亲戚，戴煦是杭州的一位官员，等等。

伟烈亚力在中国期间还购买了大量中国算书，这是他研究的资料基础，从中也可看出他对中国古代数学的浓厚兴趣，他的藏书，还有许多保存至今。

对 19 世纪中叶的西方人来说，在阅读中国古书的时候，若没有中国人的帮助，常常遇到的困难是一些人名和引文很难查找。在一位汉学家的建议下，伟烈亚力撰写了《中文文献提要》一书，其目的就是克服这个困难，为西方汉学家提供方便。此书的绝大部分在他 1860 年离开中国之前已基本完成，1864 年，当伟烈亚力回到上海时，由于朋友的敦促，遂决定完成此书。此书体例上仿照《四库全书》经史子集的编排方式，书中介绍的大多数书在《四库全书》中也能找到。此书一共对 2000 多种著作进行了解题介绍，在导言中，他首先介绍了中国书籍的收藏情况，并列出了一些中文著作的西文译本，便于西方人参考。

值得注意的是，其中关于天算著作的论述，最能代表其水平。其中不仅包括了《四库全书》中业已收录的《周髀算经》《九章算术》等著作，还增加了大量新出版的著作，如李善兰的《方圆阐幽》、徐有壬的《务民义斋算学》等，对上述著作，伟烈亚力都给予了十分恰当的评价。一方面，此书在数量和规模上已大大超过《中国算学说略》一文，论述更为全面；另一方面，他对耶稣会士翻译的西方科学著作也用很大篇幅进行了介绍，其中不乏新的见解。每篇提要虽然下笔简练，评论却十分得当。由于受到西方良好的教育，他在阅读耶稣会士的中文译著时，能够敏锐地发现一些问题，如他指出《历象考成后编》中已经翻译介绍了开普勒第二定理（面积定理）。另外，他还介绍了不少中医书籍，以及当时刚刚传入的西医著作，如合信的《全体新论》等书。

此外，伟烈亚力在上海期间，对亚洲文会的工作也十分热心，并在其会刊上发表了有关中国天文学史的文章。1881 年，在柏林召开的大会上，他报告了元代的天文仪器，介绍了北京古观象台天文仪器的历史。

四、中国科学的宣传者

除了翻译西方科学著作、研究中国科学史之外，伟烈亚力还热情地撰文宣传当时中国科学的发展。在《六合丛谈》中，他介绍了中国数学的新进展，如《造表新法》一文对李善兰、徐有壬等数学家研究级数展开式的新成果及时进行了报道：

> 海宁李善兰未见杜氏、董氏、陈氏、徐氏之书，别从平圆平方较积悟入，创立平尖锥、立尖锥……著《方圆阐幽》。……徐氏集诸家术，参以己见，成《造表简法》，凡五术……至《务民义斋算学》，已风行海内，今不赘。

他也介绍了数学家戴煦的《对数简法》和《续对数简法》，又在其所著英文《中文文献提要》一书中，对《对数简法》加以评论：

> 如他（按：指戴煦）所认为的，首次发现了一个求常用对数的简捷的表，此表似乎与纳皮尔的对数体系相同，但有理由表明作者对纳皮尔的成果是不知的，在一补充中，他得出了一个更进一步的改进办法，大大运用了纳皮尔模数，这是他在运算过程中得出的。

19世纪中叶是中国数学史上的重要转折期，一批数学家在二项式定理、三角函数的互求和幂级数展开式、椭圆求周术诸方面取得了丰硕的成果，使得晚清数学呈现出丰富多彩的局面。1859年，在《代微积拾级》序言中，伟烈亚力对当时的研究成果给予了高度评价：

微分积分为中土算书所未有，然观当代天算家，如董方立氏、项梅侣氏、徐君青氏、戴鄂士氏、顾尚之氏，暨李君秋纫所著各书，其理有甚近微分者。

伟烈亚力之所以能及时介绍当时中国数学的最新成就，其信息当来自李善兰等与墨海书馆有直接接触的文人。另外值得一提的是，所谓“中国定理”是指：若 $2^p-2 \equiv 0 \pmod{p}$，则 p 为素数，这也就是费尔玛逆定理。1869 年，李善兰在上海，把上述判定素数的方法当面教给了伟烈亚力，伟烈亚力觉得这项发明很重要，但自己又不懂，因此当他南下香港时，便把它译成英文，标以“中国定理”之名投寄给一家杂志，此后数月间，有四位读者就此问题进行了讨论，也有人指出定理之谬。后来李善兰大概得知了这些讨论，于是在他后来发表的《考数根法》中删去了这一定理，但由此可以看出伟烈亚力对李善兰的研究成果的重视。

在大量阅读中国古代科学著作的基础上，伟烈亚力对中国科学给予了较为公正的评价，他还把自己的见解介绍给欧洲读者，并试图改变西方人对中国科学的看法。在大英图书馆，笔者发现了伟烈亚力写给当时英国著名数学家查尔斯·巴贝奇的一封信，其中阐述了对中国科学的看法，他在信中写道：

（前缺）承蒙你的好意（把它）寄给我。我会以为这样一种仪器在数学研究（方面）的价值无可估量。在我离开英国之前，没有机会参观这台使你名垂青史的机器，对我来说是一件遗憾的事情。我已在我出版的中文月刊上简短描述了Scheutz算器的历史和（运算）能力，因为在这个国家这一地区，有一些本地的数学家对所有这类的事情抱有广泛的兴趣。

令人悲哀的是科学和文明的事业，因语言的困难和习惯的屏障阻碍了东西方知识分子之间更广泛的交流；也许不同状况的事情可以使双方都受益。关于中国的数学状况，在欧洲肯定存在着许多误解；同样肯定的是甚至在那些对这一帝国的事务总的来说非常熟悉的人中间（对中国的数学状况也存在着许多误解）。有许多本地人，他们非常急于得到关于西方科学每一门类的信息，而在（欧洲）文人中看到自负的吹嘘者，他们声称（带有轻蔑）看不起一切在这一帝国限度之外正在发展中的东西，这不是不常见的事情，这种事情通常决不应发生在具有真正品德的人身上，这些人总是承认我们的优越性，其杰出性无可争辩。

请原谅，扯了这么多，耽误了你的宝贵时间和耐心，请多多包涵。

伟烈亚力谨上。

这封信写作的具体时间，尚待考证。笔者推断在1858年稍后，因为信中提到了在中文月刊上发表计算器历史的文章，中文月刊当指《六合丛谈》。当时流行着贬低中国的欧洲中心论，在科学上更为突出。而像李善兰这样的中国文人，急于了解西方的科学发展，翻译西书，这种好学上进的精神给伟烈亚力留下了深刻的印象，伟烈亚力给予了高度评价。他撰写此信之目的，是想改变欧洲人的某些偏见。

实际上，早在1852年，伟烈亚力在《中国算学说略》一文的结尾介绍了李善兰、戴煦的最新研究成果之后，他便对中国数学家的不懈努力，各地知识界发生的可喜变化，给予了充分肯定。在他看来，虽然中国人对西方学问的悠久表示轻蔑，但他也认为，中国人的探索精神仍在发展，如果能更加自由地交流，对中西双方都是有利的。显然，李善兰等人的才智与好学，让伟烈亚力感到了中国的希望所在。

五、余论

在文章的最后，我们打算透过伟烈亚力对宗教的看法，来阐述科学和宗教的关系。纵观伟烈亚力在华的科学活动，基本上采取了学术传教的方式，在某种程度上和耶稣会士的策略一脉相承。他身为一名传教士，同时也是一位孜孜不倦、严谨治学的学者，他和李善兰合译《几何原本》《谈天》，和利玛窦、徐光启合译《几何原本》一样，是中国科学史上的重要事件，对西方科学在中国的传播作出了重要的贡献，他们的合作，可以和明末利玛窦和徐光启、李之藻的合作相媲美。

毋庸否认，传教士来华之目的，是要归化中国，使中国人信仰上帝。从明末清初开始，耶稣会士就试图通过科学来达到传教之目的，在他们眼里，科学只不过是“末技”，而“超性之学”（即宗教）才是真正的学问，在许多场合，利玛窦等人向中国文人表白了这一点。但耶稣会士和其他天主教修会的传教士不同，特别强调了科学教育的重要性，“愈显上帝之荣”是他们的目的，而科学研究作为手段，能很好地实现这一目的。伟烈亚力亦认为《代数学》之翻译在于“助人尽其智能”，以感谢上帝之恩，并设法报答上帝。墨海书馆作为宗教书籍的印刷所，是为了实现他们的宗教理想，在中国传播福音。伟烈亚力在《代数学》序中曾言：

> 余自欧洲航海七万里来中土者，实爱中土之人，欲令明耶稣教，以救厥灵焉。夫帝子降世，舍生救民，乃教中至要之道，《圣经》言之甚详。而余顾汲汲译此书者，盖上帝赐人以智能，当用之务尽，以大显于世。故凡耶稣之徒，恒殚其心思，以考上帝精微之理。已知者，即以告人，未知者，益讲求之，斯不负赋畀之恩。若有智能而不用，或用之而不尽，即为自暴自弃，咎实大焉。

在《数学启蒙》序中，亦称“余自西土远来中国，以传耶稣之道为本，余则兼习艺能，爰述一书，曰《数学启蒙》”。在《谈天》序中，伟烈亚力盛赞造物主的伟大，“伟哉造物，神妙至此”，并称造物主的“全智巨力，大至无外，小至无内，罔不莅临，罔不鉴察”，接着伟烈亚力自称：

窃意一切行星，亦必万物备具，生其间者，休养乐利，如我地上，造物主大仁大慈，必当如是也。……余与李君同译是书，欲令人知造物主之大能，尤欲令人远察天空，因之近察己躬，谨谨焉修身事天，无失秉彝，以上答宏恩则善矣。

这确实体现了传教士的职责所在。上面已经提及，伟烈亚力在《中国算学说略》一文的最后，对中国人的科学探索精神，给予了高度评价，他也希望这种求索精神能扩大到更为广阔的领域，亦即探索“真理”之所在，即最终信仰上帝。李善兰、王韬等文人，尽管和伟烈亚力共事多年，对基督教也有相当的了解，但并没有像徐光启那样受感化而信教，在伟烈亚力看来，这也许是一件不小的憾事。

再者，通过考察伟烈亚力在华的活动，我们不难发现，无论是在数学、天文学方面，还是在其他方面，他都向中国人介绍了一些新的科学知识，译书的底本是经过认真选择的，翻译是审慎的，他并没有对中国学者隐瞒什么。从其译书中（特别是他写的序）可以看出，科学和宗教是一致的，并不冲突。相反，科学是颂扬上帝伟大的极佳工具，而以新的科学发现去证明上帝造物之伟大，是当时西方非常普遍的现象，如伟烈亚力的同事韦廉臣在《六合丛谈》中即以《真道实证》为题，连续发表了许多文章，这些文章后来成为《格物探源》的基础，这些内容在西方则称为“自然神学”，因此伟烈亚力的所作所为，和时代是息息相关的。他按照耶稣会士的策略，思想开放，把科学和传教相结合，两者一起促进，互相为利。他的译著在 19 世纪西学传播过程中起到了一定的作用，不仅在京师同文馆，也在上海格致书院用作教材，由此可见其译书的价值所在。

最后需要说明的是，伟烈亚力在译书和中国科学史研究方面的贡献，离不开像李善兰这样精通传统历算的中国学者的帮助。同时也应该指出，一方面，他的许多工作，也参考了 18 世纪耶稣会士和 19 世纪初法国汉学家的研究成果，如在天文学史的研究中，他参考了宋君荣、毕奥的著作；另一方面，他博览群书，参考了大量中文原始文献，因此他有关中国科学史的论著，至今仍有很高的学术价值。他的著作影响了 19 世纪乃至 20 世纪的汉学家，反映了其著作的学术生命力。

（作者：韩　琦）

艾约瑟

致力于中西科技交流的传教士和学者

艾约瑟

（Joseph Edkins，1823—1905）

19 世纪下半叶西方来华传教士中，涌现出了一些造诣较高的汉学家，尽管他们来华的目的是传教，但同时也向中国介绍了西方的科学知识，并向西方介绍了中国的历史文化知识，因而客观上为中西文化交流作出了贡献。英国伦敦会传教士艾约瑟是其中的出类拔萃者。以往的科学史论著对艾约瑟有关科学译著有所介绍，但迄今尚未有专文全面介绍其生平及其为中西科学交流所做的双向性工作。本文试图在大量中西文献的基础上对他的有关工作作一较全面的评述。

一、传教和学术生涯

艾约瑟于 1823 年 12 月 19 日出生于英格兰格洛斯特郡斯特劳德市附近的奈斯沃斯。父亲为公理会牧师，同时也经营一所私立学校。因此艾约瑟很小即受到宗教和世俗知识的熏陶，就是在父亲那里，他平生第一次见到中文版《马太福音》。他的童年是在英格兰最美丽的地方之一——闻名遐迩的“金山谷”度过的，此地是羊毛和印染品生产中心和徽章制造业中心，能工巧匠云集，知识氛围浓厚。

艾约瑟立志要成为福音的传播者，父亲的教导为他打下了良好的基础。约 17 岁时，他进了伦敦大学学习，4 年后获学士学位。接着进伦敦科沃德学院接受神学训练。1847 年，他在伦敦接受神职。在英格兰当了短期的牧师之后，他申请加入伦敦会，并希望到中国传教。同年 12 月，他被伦敦会立为传教士。

1848 年 3 月 19 日，艾约瑟离开英国航海东来。同年 7 月 22 日抵达香港，9 月 2 日来到上海。艾约瑟先在墨海书馆工作，主要是管理图书，并协助麦都思编写宗教宣传品。他还参与创办一所寄宿学校，“用中文和西方人的先进方法向中国孩子提供实用的宗教教育”。

来华仅 3 年，艾约瑟就在学术上崭露头角。1851 年，他对开封府的犹太人作了研究。1852 年，对明清之际来华耶稣会士的学术工作作了研究，又编辑了《华洋和合通书》，翌年改名《中西通书》，“中西二历上下对列，无吉凶诸神煞，详载礼拜及日月行星诸要事，后必编教中论理之文数首，及格致学数条”。除 1856 年、1859 年和 1860 年外，艾约瑟在沪编辑《通书》直到 1862 年，1863 年将其移往天津。止于何年不详。

1853 年，他与浙江海宁数学家李善兰合译《重学》20 卷及《圆锥曲线说》3 卷；又与浙江湖州人张福僖合译《光论》。在学术研究的同时，艾约瑟还在上海附近广大地区从事传教活动。1854 年 10 月，他游嘉兴；11 月，在张福僖和李善兰的陪同下游湖州和杭州。在湖州，攀道场山，观万寿寺；在杭州，过宝石山，进岳王庙，访天竺寺，登北高峰。王韬日记云：

壬叔言：昔年同艾约瑟至杭，乘舆往游天竺，为将军

> 所见。时西人无至杭者，闾阎皆为惊诧。将军特谕仁和县往询，县令希上意，立逐艾君回沪，而将壬叔发回本州。壬叔因献诗州守曰："游山不合约波臣，奉谴还乡判牍新。刺史风流公案雅，递回湖上一诗人。"州守见之大喜，立赠以金遣之。

李善兰所言就是这次杭州之行。1855 年 6 月，艾约瑟又游太湖及其附近地区湖州、长兴、无锡、江阴等地。

此时的艾约瑟对中国佛教和道教文献有深入研究。1854—1857 年间，他在《北华捷报》上陆续发表了一组关于中国佛教、道教的论文。1856 年，麦都思回国，艾约瑟继任墨海书馆监理。1857 年 2 月，伟烈亚力在上海创办中文期刊《六合丛谈》。艾约瑟是其重要撰稿人。同年 9 月，艾约瑟参与创建亚洲文会，并当选为秘书。11 月，韦廉臣因病回苏格兰，艾约瑟接替他与李善兰合作完成林德利《植物学》（8 卷）最后一卷的翻译。

继 1853 年出版的《上海土白话法》之后，艾约瑟又出版了《汉语官话口语语法》。伟烈亚力称他"于音韵之学，穷流溯源，辨之綦精。凡士自各省来者，无不沿接讨论。……观此二书，知艾君于中国声音之理，博考而详，探讨于古书者久，故得自立一说"。中国语言文字是艾约瑟一生著述最多的课题，他后来还出版了《汉语口语教程》（1862）、《中国在语言学上的位置》（1871）、《汉字研究引论》（1876）等著作。

1858 年 3 月，艾约瑟回英国，休养、从事教务并结了婚。妻子是一位长老会牧师的女儿，很有教养。他们于1859年一起来到中国，在上海住了一段时间。艾约瑟恢复了研究和传教工作，他的夫人在给艾约瑟兄弟的一封信中这样写道：

> 他（艾约瑟）其实很好，忙得像一只蜜蜂。我们每天早上八点吃早餐，饭前作祷告。他上午在家做研究，其余时间到城里布道，不然就参加（伦敦）会里的工作。我把他的书房收拾整齐，那是他的得意之处。每天从九点直到一点，他总在思考问题，越来越深地陷入佛教与儒教的神秘之中。他坐在书桌旁，让我想起那幅画——“快乐如皇帝”……身边乱糟糟地堆满了中文书籍。

这一年，艾约瑟出版《中国的宗教状况》，向西方介绍中国儒、释、道三教的历史和现状，后扩充为《宗教在中国》一书。他在中国宗教方面最有影响的著作是1880年出版的《中国的佛教》。

同时，艾约瑟对太平天国极为关注。1860年7月初，他与另外四位传教士去苏州访问了忠王李秀成。苏州之行给艾约瑟留下了好印象，他对太平军的宗教、对外政策等持肯定态度，并根据自己所见，为太平军进行辩护，反驳当时关于“发逆”的一些传闻。不久，洪仁玕向他发出了邀请。7月30日，艾约瑟一行自上海出发第二次去苏州。在那里，干王两次会见了他们。同年，艾约瑟翻译了干王的《资政新篇》。

《北京条约》签订后，艾约瑟夫妇去曲阜从事数月的传教活动，

1861年初回沪。不久，艾约瑟与同会的杨格非等人去了南京。艾约瑟试图让洪秀全接受“三位一体”之说，但洪坚持认为自己是上帝之子、基督之兄。或许就是这件事使艾约瑟改变了对太平天国的看法，走向了反对立场。在1863年出版的《南京纪游》里，他认为“一个外国基督徒是不能支持这一运动的，因为它被巨大的罪恶和暴行所玷污”。

1862年，艾约瑟选择天津作为新的传教站，并伺机进京传教。在天津，痢疾夺去了他的还不满23周岁、来华只有两年左右时间的妻子的生命。1863年5月，艾约瑟在天津第二次结婚，妻子是苏格兰人，刚到天津不久。婚后，他们立即前往北京。1863年至1866年间，艾约瑟为在蒙古建立传教站而多次去那里从事传教活动。

1868年，林乐知在上海创办《教会新报》，艾约瑟是其重要撰稿人之一；该报于1874年更名为《万国公报》，艾约瑟仍是重要撰稿人。他所发表的文章（包括译文），内容涉及宗教、历史、科学、人物、医学、经济、文学、游记、时论等，前后共一百数十篇。

1871年11月，艾约瑟与丁韪良等人在北京创建“在华实用知识传播会”，他当选为会长。1872年8月，由他和丁韪良编辑的会刊——《中西闻见录》在京创刊。

1873年5月，艾约瑟与同会传教士理雅各同游曲阜，参观了孔陵，之后来到上海。不久，偕夫人离开中国，中途先后在日本和美国待了好几个月，然后回到英国。此时的艾约瑟已享誉欧洲，1875年，爱丁堡大学授予他荣誉神学博士学位。

1876年，艾约瑟第三次来华，3月17日抵沪，24日进京。7月，由林乐知主编的月刊《益智新录》在沪创刊，艾约瑟和慕维廉为其主要撰稿人。《万国公报》称该刊“出自英国慕维廉、艾约瑟两先生之手笔居多，四远驰名，阅者争购。……慕、艾两君久居中国，著作如林，其刊行于世者，无不以先睹为快”。

1877 年 5 月 10—24 日，在华传教士大会在上海举行。大会组委会成立于 1875 年，艾约瑟是 7 位委员之一。艾约瑟在会上宣读了有关道教与佛教的论文，并就基督教与儒教之间的关系、传道方法、传教与著书关系、吸收教徒方法、戒鸦片法、翻译原则、女子教育问题等发表自己的见解。这一年，艾约瑟第二位夫人去世。以后艾约瑟又有了第三次婚姻。

1878 年，外国传教士在上海成立“中国圣教书会”，艾约瑟为 18 位董事之一，并任审查委员会主席。1890 年又当选为会长。1880 年，艾约瑟辞去了伦敦会的工作，不久，受中国海关总税务司赫德之聘，任中文翻译，直到去世。任职后，历时 5 年翻译出版了一系列西方科学教科书。1885 年，美国外交官拉塞尔·扬、英国外交官巴夏里等人创建北京东方学会（初名北京文学会），丁韪良任会长，艾约瑟任理事。艾约瑟在学会会刊上发表了许多关于中国文学、科学和历史的论文。

1889 年 4 月，艾约瑟回到上海（身份仍为译员）。翌年 5 月，他被选为亚洲文会副主席，担任此职直到去世。艾约瑟在亚洲文会的刊物上发表了大量论文，他为学会所做的工作，不论是刊发论文数量还是价值，被认为是无与伦比的。在上海，他还编辑传教刊物《使者》多年，出版了十几部英文著作。艾约瑟还长期与欧美的许多大学者保持广泛的通信。

在生命的最后 4 年里，他每逢周日下午就到伦敦会教堂布道，并经常向年轻的传教士们讲述自己在华的传教经历。他满腹经纶，备受尊敬。他最后一次布道是在 1905 年 4 月 9 日。到第二个周日，他患了重病；第三个周日，溘然长逝，享年 81 岁。艾约瑟在华生活了 57 年。八十华诞时，他感染了严重伤寒，但仍在构思一本“要花五六年时间才能写完”的书。真可谓生命不息，研究不止。

艾约瑟有着惊人的语言天赋，他掌握的语言有英语、德语、法语、拉丁语、希腊语、希伯来语、叙利亚语、波斯语、梵语、泰米尔语、汉语（包括大多数方言）、苗语、日语、满语、朝鲜语、藏语、蒙古语等。

艾约瑟生前还是英国皇家亚洲学会荣誉会员、日本民族学会会员。

二、西方科学的传播

明清之际，西方光学知识由耶稣会士传入中国。但第一部内容比较系统的光学中译本是 1853 年艾约瑟与张福僖合译的《光论》。书中介绍了光的直线传播、光的反射、光的折射、光的照度、海市蜃楼、色散和光谱等几何光学知识。艾约瑟翻译的第二部西方重要科学著作是《重学》，翻译前他向李善兰介绍了力学的重要性。李在 1866 年重刊本序中称：

岁壬子（1852），余游沪上。将继徐文定公（徐光启）

> 之业，续译《几何原本》。西士艾君约瑟语余曰："君知重学乎？"余曰："何谓重学？"曰："几何者，度量之学也；重学者，权衡之学也。昔我西国以权衡之学制器，以度量之学考天，今则制器、考天皆用重学矣。故重学不可不知也。我西国言重学者，其书充栋，而以胡君威立所著者为最善，约而该也。先生亦有意译之乎？"余曰："诺。"于是朝译《几何》，暮译《重学》，阅二年同卒业。

可见《重学》与《几何原本》的翻译是同步进行、同年（1856）完成的（翻译时间应为4年，而不是李善兰所误记的2年）。此书前17卷的底本是英国惠威尔的《力学基础》(1819)。前7卷内容为静力学，依次为论杆、并力分力、七器、诸器合力、重心、刚质相定之理、面阻力；后10卷内容为运动学，依次为论质体动之理、平动相击、平加速及互相摄引之理、抛物之理、物行于曲线之理、动体绕定轴之理、器动、动面阻力、诸器利用、相击抵力之理。第18、19、20三卷论流体力学，为艾约瑟所附加，他在《中西通书》上连载的《流质重学》一文的内容大概与此同。

卷八对牛顿三大运动定律作了介绍："动理第一例：凡动，无他力加之，则方向必直，迟速必平。无他力加之，则无变方向及变迟速之根源故也。""动理第二例：有力加于动物上，动物必生新方向及新速。新方向即力方向，新速与力之大小率比例恒同。""动理第三例：凡抵力正加生动，动力与抵力比例恒同。此抵力、对力相等之理也。"这里"动力""抵力"分别为作用力、反作用力。值得注意的是，速度、加速度概念是用微积分方法阐明的。另外，对于初速为零的匀加速运动，《重学》将运动时间等分为 m 段，将各时段看作匀速运动（速度为该段的末速），求出各段位移，最后求总位移在“分数多至无穷”（$m \to \infty$）时的极限，得位移公式。《重学》先于《代微积拾级》译成，因而上述方法十分引人注目。卷九较详细地介绍了 17 世纪沃里斯、雷恩和惠更斯所建立的碰撞理论。

由于《重学》中数处用到圆锥曲线知识，因此艾约瑟和李善兰还翻译了《圆锥曲线说》。虽然，圆锥曲线知识于明末清初已传入我国，但在《重学》和《代微积拾级》译成之前中国并没有系统论述圆锥曲线性质的专著，中国人所了解的只是一些零星知识，且主要限于椭圆。《圆锥曲线说》的底本尚待考证，它是一部以纯几何方法论证圆锥曲线性质的著作，与《代微积拾级》中的解析方法形成了对照，内容上有互补关系。全书共 3 卷 40 个命题，依次论椭圆、双曲线和抛物线的性质，包括正弦、截径、长径、短径、两心差（即焦距）、余弦、割线、切线、本径、属径（共轭直径）、通径、渐近线、面积等之间的比例或度量关系，体例与《几何原本》无异，又一次向中国人展示了演绎逻辑的魅力。

西方科学史知识是艾约瑟介绍的重要内容。1868 年，他与中国学者王韬合译《格致新学提纲》，给出了从 1543 年哥白尼《天体运行论》出版以来 300 余年间西方数学、物理学和天文学重要事件的年表。

艾约瑟在《万国公报》上关于地震知识的介绍十分精彩。他生动地描述了大地震时人与鸟兽的情状，列举了历史上葡萄牙里斯本（1755）、意大利那不勒斯（1783，1857）、叙利亚大马士革（1837）、秘鲁利马（1687，1746）等地地震的死亡人数，介绍了地震的成因，并通过对金星绕日运动的分析，令人信服地批判了那种将地震与“金星昼见”联系起来的迷信说法，称：

> 盖太白之昼见，实岁岁恒有之事，惜乎不之察耳。故每见而惑生焉。华之《史记》，予素喜读，中所载太白之行占主何象，余尝谓：使太史公生于今日，深明泰西格致之学，自当不以余言为河汉矧方。兹同文馆立于北京，诸君子盍试一习真学，以深究格致之理，似可无须恃向所深信之古学而泥之为望。

如此批判迷信、宣扬科学，可谓苦口婆心。在《教会新报》和《万国公报》上，艾约瑟还撰文介绍地球经纬度、五带等地理基本知识，火轮船历史，等等。

艾约瑟在《西学略述》中对西方科学史知识亦有介绍。此书是他于1885年译成、翌年出版的16种西方启蒙课本之一。另15种分别为《格致总学启蒙》《地志启蒙》《地理质学启蒙》《地学启蒙》《植物学启蒙》《身理启蒙》《动物学启蒙》《化学启蒙》《格致质学启蒙》《天文启蒙》《富国养民策》《辨学启蒙》《希腊志略》《罗马志略》和《欧洲史略》。与这15种启蒙课本不同，《西学略述》是艾约瑟“博考简收”自撰而成。它包括训蒙、方言、教会、文学、理学（哲学）、史学、格致、经济、工艺、游览共10卷，其格致一卷介绍天文、质学（今属物理学）、地学（地质学）、动物学、金石学（今属化学）、电学、化学、天气学（气象学）、光学、重学、流质重学（流体力学）、气质重学（气体力学）、身体学（今属生理学）、较动物体学（比较解剖学）、身理学（今属生理学）、植物学、医学、几何原本学、算学、代数学、历学（历法）、稽古学（考古学）、风俗学（地理探险）等 23 种学科的研究对象或历史概况，内容丰富，弥补了《格致新学提纲》的不足，成了中国人详细了解西方科学门类、历史和动态的重要文献。

艾约瑟还热衷于译介西方报刊上的一些科学新闻。如:《测月新论》一文介绍新近天文学家对月面形状的解释;《格致精进》一文介绍包括皇家学会主席斯托克斯在内的英国科学界宴请达颠、宴会上达颠即席演讲，介绍法拉第和达尔文科学贡献的新闻;《早年古石》一文介绍英国人在巴比伦的考古新发现；等等。在墨海书馆期间，艾约瑟还译有《数学启蒙》，但没有出版。

三、中国科技史的研究

尽管如伟烈亚力所说，指南针的发明权“举世公认属于中国”，但关于发明的具体时间和传播路线并无定论。19 世纪的一些西方汉学家往往是在将指南针和指南车混为一谈的前提下对指南针历史进行探讨的。理雅各曾在其《书经》英译中否定周公时代中国有指南车之说（是说见于西晋崔豹《古今注》等文献），英国外交官梅辉立则进一步认为指南车（因而也是指南针）是 3 世纪的产品，而航海罗盘可能是从印度传入中国的。艾约瑟研究了磁石在中国的起源问题，否定了理、梅的结论，认为公元前 7 世纪，乃至周公时代，磁石的性质已为中国人所知，而航海罗盘完全是中国人自己的发明。1876 年 12 月 8 日，艾约瑟在亚洲文会宣读了有关论文，之后梅辉立改变了原来的看法。关于中国人的磁偏角知识，伟烈亚力曾于 1859 年撰文作过介绍，而艾约瑟则作了进一步的深入研究，特别是磁偏角的发现与堪舆家之间的关系问题。艾约瑟引用唐、宋文献中的磁偏角记录，认为远远早于哥伦布（1492）。他还引用了巴黎和伦敦两地 16 世纪以来的磁偏角记录，得出其中的变化规律。

在关于造纸术在中国起源的一篇文章中，艾约瑟一方面认为，欧洲人早在公元前 330 年亚历山大时代就已普遍使用纸和墨水，并且很可能通过贸易途径被带到中国；但另一方面他又声称不能认为纸和墨水是从西方输入中国的，指出：

> 尽管这两种文明伴随物在欧洲的使用较中国早好几个世纪，但中国人的机械技术立即使他们独立于外国人的供给。……大麻纸、布纸、竹纸和其他类型的纸在公元初已颇为常见。7 世纪棉花布造纸技术由阿拉伯传往欧洲，而阿拉伯人的技术很可能源于中国。

在另一篇文章中，艾约瑟断言："中国人发明了纸，并从印度和罗马帝国获得一些启发，这帮助他们制造出了各种纸张。"既然欧洲人使用纸较中国早好几个世纪，又怎么能说纸是中国人的发明？纸是中国人的发明，这在今天并无异议，艾约瑟的自相矛盾，正如钱存训所指出的那样，乃是源于他对纸张本质的无知，而将纸和莎草纸混为一谈。

艾约瑟对中国天文学的研究部分源于荷兰汉学家施古德关于中国古代天文学的著作《星辰考原》。施古德从《尚书·尧典》出发，经过推算得出一个令人难以置信的结论：中国的天文学约始于17000年前。艾约瑟则通过对中国古代二十八宿的研究，反驳施古德的结论。

关于中国古代天文学，艾约瑟坚持巴比伦起源说。他的第一种论据是古代中国和巴比伦都有十二辰、置闰周期以及星盘、日晷等仪器。第二种论据是《史记·天官书》中的星占占辞，概括起来说有以下几点：一是“摄提格”“单阏”等十二岁之名是外国的；二是在巴比伦占星术中有与“监德”“降入”等岁星各月晨出东方之名类似的命名法；三是早期中国文献并未提及辰星，而《国语》中提及辰星是与星占密切相关的，《史记》中辰星的五色及在二分二至的位置与巴比伦占星术有关。且不说这些论据本身是否可靠，即使它们都成立，艾约瑟的结论终因未能摆脱“相似即同源”这一先验判断而与他的另外一些结论，如中国的阴阳说和五行说源于波斯、欧亚语言同源等一样，缺乏足够的说服力。后世许多东西方学者也都持有类似的观点。

如果说艾约瑟对中国造纸术、指南针和天文学的历史研究纯粹基于文献考证的话，那么，他对中国建筑史的研究则是文献考证与实物调查的结合。艾约瑟将中国建筑史划分为四个时期：一是古典建筑，相当于上古时代；二是孔子之后的建筑，相当于春秋战国至两汉时期；三是佛教建筑，相当于魏晋南北朝隋唐时期；四是近代建筑，相当于宋元明清时期。对于第一个时期的建筑，艾约瑟依据的文献有《考工记》《孟子》《前汉书》《诗经》等。如根据《诗经·大雅·文王之什》，艾约瑟注意到西周时期的版筑方法；根据《考工记》，他详细介绍了西周明堂制度。对第二个时期的建筑，艾约瑟利用了实物——著名的山东嘉祥县武氏祠作为代表，详细描述了其中的画像石（重楼）、石室壁面画像（伏羲、仓颉、神农、五帝等）、石阙等。他还探讨了这个时期建筑与诗歌艺术的关系。由于对中国佛教历史有浓厚兴趣，艾约瑟对第三个时期的建筑——寺院和塔当然是很熟悉的，他对两者的结构制度都有描述。艾约瑟批判这个时期的迷信建筑——房屋前的屏风。对于近代建筑，艾约瑟考察了大量实物：北京东岳庙（宋）、昌平居庸关（元）、昌平长陵（明）、北京古观象台（明清）、圆明园（清）、天坛（清）。居庸关是我国石建筑之精品，艾约瑟从中敏锐地察觉到“元代发展了新型的建筑”。但在他所考察的建筑实物中，没有什么比明代长陵给他的印象更深刻了，从石牌坊、神道石兽、祾恩殿到方城、明楼、宝顶，他看到“中国建筑艺术达到了巅峰”。对于中国建筑艺术的热爱，使他面对圆明园意大利建筑的残垣扼腕而叹！在介绍中国的拱桥之后，艾约瑟还提出了铁路建筑问题。

19 世纪研究和介绍中国建筑史的西方学者很少，直到 20 世纪 20 年代，梁思成先生在欧美许多大图书馆费心搜求，却发现“关于中国建筑的著作究如凤毛麟角，而以‘史’命题的，更未得见”。在艾约瑟前后数十年间，少数西方学者，如英国建筑史家费尔古孙著《印度与东方建筑史》、英国建筑学家弗雷切尔著《世界建筑史》、德国艺术史家明斯特堡著《中国艺术史》，对中国建筑有所评价，但充满偏见和误解，如费尔古孙称“中国无哲学，无文学，无艺术。建筑中无艺术之价值，只可视为一种工业耳。此种工业，极低级而不合理，类于儿戏”。而弗雷切尔和明斯特堡则认为中国建筑除了塔以外，自古以来，千篇一律，毫无进步。艾约瑟则依据较为丰富的文献和实物，向西方介绍了中国建筑的历史发展脉络，学术价值远胜上述有关著作。

艾约瑟对中国古代数学史也有研究。此外，他的研究还涉及中国古代的蒸馏技术、度量衡等。艾约瑟还试图对明代以前中国科技发展史作出总的评价。

艾约瑟对同时期中国数学家的工作也很感兴趣。咸丰四年（1854），他从李善兰和张福僖处看到杭州戴煦的数学著作，“大叹服，转译之，寄入彼国算学公会中”。数年后，他还带着《代微积拾级》等书专程去杭州登门求见。可惜戴煦对他不感兴趣，让他吃了闭门羹。

四、余论

在中国生活的半个多世纪里，艾约瑟始终不渝地致力于学术研究，他作为学者的名声似乎已超过了作为传教士的名声，但他从未忘记自己的传教职责。对于艾约瑟来说，传教与学术研究的关系如何，这是需要探讨的问题。在艾约瑟眼里，明清之际耶稣会士的学术传教策略显然是正确的，是值得新教传教士秉承的。而新教传教士的学术条件较耶稣会士要优越得多：一方面，近两个世纪以来，西方科学技术取得了突飞猛进的发展，新教传教士可以向中国人介绍更多更先进的科学知识；另一方面，耶稣会士“抽到了不幸运时期的签，尽管他们得到一些好的数学家的帮助，并拥有宫廷所能提供的所有有利条件，但他们并不像现在那样熟悉以前历代中国科学家所做的工作”。艾约瑟看到，在墨海书馆和西人合作译书的中国学者（如王韬、李善兰等），与明清之际和耶稣会士合作译书的学者相比，在能力上完全是无分轩轾的，因而徐光启等人皈依天主教的史实使他充满希望地感到：“如果目前正在帮助外国传教士译书的学者们信仰基督教真理，并像天主教的信徒们一样去提倡它，那么他们将对中国的圣教事业起十分有益的推动作用。”而要让这些中国学者们信仰基督教真理，离不开西方先进科学知识这一有效工具：

> 迄今为止在有才能的中国人帮助下用地道的中国语言出版欧洲译著的努力是决不应忘记的。如果过去可以作为未来的标准，那么这样的努力经过更好的导向，就能为基督教在知识界的影响开辟道路。如果知识界不相信我们在知识上的优越性，那么一切企图将是徒劳的。知识就是力量。

问题很清楚：根据明代的历史经验，只有让中国的知识界相信西方科学的优越性，才能使他们信仰基督教，进而通过他们的影响，让基督教在中国广泛传播。艾约瑟传播西学的最终目的即在于此。

在《中国的宗教状况》中，艾约瑟指出：欧洲人还不了解中国，他们只是徘徊于她的“边缘”，并从很远处用“有色眼镜”看她的居民。早在1857年9月亚洲文会成立的会议上，艾约瑟曾发言说：

> 一个广阔的和饶有趣味的领域正等待这个学会去耕耘。我们正生活在一个伟大国家的边缘；许多世纪以来，这个国家一直激发着西方的好奇。马可·波罗以及我们的约翰·曼德威尔爵士的叙述在中世纪广为流传，唤醒了这种好奇心。现在西方正向东方移动，因此研究中国的文献与文明变得比以前更为必要。……但是，本会不仅仅是文学性质的，而且也是科学性质的。那些不研究中国文学，而研究自然史、地理以及其他科学者亦将大有作为。

因此，在艾约瑟看来，真实地了解中国，研究中国的文献和科学史，乃是“西方向东方移动”的需要，换言之，是西方基督教征服东方的需要。

作为传教士和学者，艾约瑟在晚清中国享有盛誉。1873年艾约瑟回英国，“北京各处福音堂公赠牧师之额”，称他“学造精微，识超今古。温良宽裕，十年煦育若春风，谨慎廉节二字，和平如秋水，善觅亡羊归圈，不愧牧人；能使多鱼入舟，真为渔者”。中国教友天津张竹楼、张逢源、王光启，北京英石筠、李修廷、桂小山，满洲英绍古，山东刘煦园等均赋诗相赠。李修廷赠语称：“（艾约瑟）先生西土博学人也。自道光末年东入中国，与华民往来，问禁问俗，学各处之方言，读诸子百家之书，然犹其后焉者也。独是洋文译成汉文，先生参稽博考，融会贯通，引而伸之，触类而长之，有物有则，有条有理，较之一时著作之士，其尽心尽力，早晚服劳，岂可同日而语也哉！”北京桂小山赠诗称赞他“融经贯史言堪法，索隐探源理可稽。后学谁能相伯仲，天才原不限中西”。满洲英绍古的赠诗称赞他：

温柔谦谨更虚心，下问于人证古今。索隐探微求格物，算来智慧自天临。

慎思明辨意何居，考据求真弗尚虚。满室牙签如宿构，华人空说五车书。

别裁著述更新奇，腹笥便便任取之。天马行空一枝笔，不因旧有受羁絷。

谁云席地漫谈天，测量玑衡孰克先。云汉皆星红日静，镜中勾股有真传。

在这些中国教徒们眼里，艾约瑟首先是一位学富五车、著作等身的大学者。艾约瑟也赢得了中国知识界的赞誉。1856年访问过墨海书馆的郭嵩焘称他“学问尤粹然”。王韬《弢园尺牍·与法国儒莲学士》称他和伟烈亚力、理雅各、湛约翰为“通达渊博、好学深思之士”。沈毓桂与艾约瑟、伟烈亚力、慕维廉、林乐知“析理敷文、推襟送抱、冯元受道、互得名师”，过从甚密，1889年艾约瑟自京回沪，沈毓桂作诗相赠：

五云远望苦相思，塞羽吴鳞到每迟。难得江南春正好，松身重见雪霜姿。

借箸公卿仗楚材，一时声望重金台。扶舆自是钟清气，海国千年出异才。

人来万里结同心，侨札千秋荷赏音。一别廿年重把臂，澄波先与涤尘襟。

半生翰墨有前缘，文字鸡林羡远传。为订小窗风雨夕，来揩老眼校新编。

此四诗表达了他对艾约瑟的敬仰之心和重逢时的欣喜之情。

艾约瑟和李善兰合译的西方力学著作以及他本人独立翻译的多种西方科学启蒙教材在晚清产生了重要影响，为西学在中国的传播作出了贡献，也受到后世中国学者的好评，诸可宝在《畴人传三编》中评价《重学》称："盖自此书出，而明际旧译之《泰西水法》《奇器图说》等编，举无足道矣。艾氏之功，诚伟已哉！"

在中国科技史方面，尽管他的有些结论并不正确，但他所研究的许多课题，是后来众多东西方学者广泛探讨的课题，这反映了他的学术洞察力。他的有关著述，是李约瑟等后世研究中国科技史的西方学者的重要参考文献，反映了它们的学术价值。无疑，在中西科技交流史上，艾约瑟书写了重要的一页。

（作者：汪晓勤）

德日进

科学家、哲学家

德日进

（Pierre Teilhard de Chardin，1881—1955）

凡是见过德日进神父照片的人，无不被他的相貌所吸引：宽阔的前额象征着坦率的性格，炯炯有神的双眼闪烁着智慧之光。他就是一生坎坷，集科学家、哲学家与神父于一身的德日进。德日进是位法国耶稣会神父，但一生致力于科学与哲学研究，并因此遭到教会的长期放逐。在他去世后出版的哲学著作《人的现象》是其代表作，已被翻译成多种文字，受到越来越多的重视与研究。德日进的哲学思想又与他的科学生涯密切相关，由于兼有神父与科学家的双重身份，他竭力将科学与神学融为一体，并且形成了自己独特的理论体系。他生前发表的科学论文多达240余篇。尤其是在他1923年来华至1946年离开中国的这段时期内，德日进对中国古脊椎动物学的建立与发展作出了不可磨灭的贡献。纵观他的一生，我们可以看到一位为追求真理、探明人类的过去与未来的科学家，在遭到不公正的待遇与偏见的情形下，艰难跋涉的孤独身影。

一、漫长的探索道路

1881年5月1日，德日进出生在法国奥弗涅省的一幢庄园主住宅里。庄园附近是连绵起伏的火山群和丘陵，从屋顶的平台上可以远眺奥弗涅省省会和克莱蒙特大平原。庄园四周宁静安详，只有潺潺流水飞溅在山石间。

德日进的父亲是一个半贵族式的庄园主，恪守传统，家庭生活纪律严明。父亲还酷爱博物学，庄园附近的山上充满了矿石、昆虫和野花。每次外出散步时，父亲都兴趣盎然地教孩子们采集矿物与动植物标本（德日进兄弟姐妹共 11 人，德日进排行第四）。在这样优越的环境中，在父亲的熏陶下，德日进对大自然充满兴趣，童年的教育激发了他选择科学研究作为自己的职业。

与此同时，来自母亲的影响更不容忽视。德日进的母亲是一位虔诚的天主教徒，每天晚饭后，全家人都要聚集在餐厅里祈祷。德日进后来回忆道："毫无疑问，是母亲点燃了我儿童时期灵魂中的火焰。"

虽然德日进自小就热爱大自然，但他也并不总是被色彩艳丽的蝴蝶或芬芳美丽的花朵这些易损的东西所吸引，他经常在自己的拥有物中寻求永恒的东西。他将上帝喻为铁，因为在他儿时的心目中，世界没有任何东西比铁更坚硬、更不易磨损和更持久耐用了。因此当他有一天得知铁也会断裂和生锈时，他失望极了，以致不得不寻找另一种替代物以自我安慰。同样，他也喜欢石头，因为它们都给他一种永恒的信念。

就这样，贯穿他一生的两种感情在儿童时期便已建立：对物质的感情和对永恒的感情。

德日进是在维勒法兰克的耶稣会学校里接受初等教育的。在学校他是名好学生，除宗教课之外，他的其他成绩总是遥遥领先。当然，他并不是不愿接受宗教教育，而是他在天性中就反抗当时枯燥无味的教育方式。10 岁时，德日进被送到蒙格利耶稣会学院，当一名寄宿学生。18 岁时获学士学位，同年在埃克斯省加入了耶稣会，成为一名见习修士。

19 世纪末，法国社会矛盾激化，政府为转移矛盾，于 1900 年通过了关于修会重新登记的法案，同时预定封闭属于它们的神学校，扩大世俗学校教育。1902—1904 年，法国政府封闭了几乎所有僧侣阶级控制的学校，解散了一系列修会。德日进也于 1902 年被迫避难英国，在泽西岛继续攻读哲学。从此，德日进开始了他那动荡不安的生活。在泽西岛，德日进开始学习经院哲学，然而，他对烦琐、枯燥的经院哲学并不感兴趣。学习之余，德日进总是带着地质锤与放大镜外出考察。

3 年的学生生涯结束后，德日进于 1905 年被派往埃及，在开罗圣家公学教授物理与化学。就在这一年，他开始在开罗的科学简报上发表短文，报道他所采集的一些动物化石。正是埃及使他深深地迷上了东方。

1908 年，德日进被调回英国，在那度过作为未来神父的最后一个训练阶段——在哈斯丁攻读神学。他在那儿待了 4 年，这是他一生中的一个重要时期。德日进在哈斯丁开始接触到法国哲学家亨利 · 柏格森的哲学思想，柏格森的代表作《创造进化论》一书给了德日进很大的影响，成为德日进哲学思想的一个重要来源。

在英国期间，德日进先于 1911 年晋升为司铎，次年被任命为神父，同年回法国巴黎；在布尔的指导下研究地质学。1913 年，他在前往英国参观“曙人”的发掘时，认识了英国著名古生物学家伍德华先生。“曙人”后来虽被证实为一场骗局，但与伍德华的相遇，使德日进的兴趣立即转向古生物学，回国后他开始研究法国第三纪初期的哺乳动物化石。不久，第一次世界大战爆发，德日进被征为担架兵。在服役期间，德日进仍从 1916 年开始发表贯穿神学与科学的短文。德日进由于战争期间表现突出，后被授予一枚军功章和荣誉勋位勋章。

二、第一次来华

战争结束后，德日进回到巴黎自然博物馆。1919 年是重要的一年，他生命中最重要的目标已经明确：就专业而言，他已决心专攻地质学，并集中在古生物学；就思想而言，他已领悟了宇宙及人都可视为演化的过程；就一位忠诚的基督徒而言，他竭力要把基督教神学和演化哲学结合起来，在宗教经验和自然科学的经验间建立某种关系。也就在这一年，德日进获地质学及植物学硕士学位；1920 年获动物学硕士学位，同年在巴黎公教大学开设地质学讲座；1922 年获古生物学博士学位，同年受聘在巴黎天主教学院任地质学教授。除了教学以外，德日进还在其他学校如工艺学校、矿物学校开设地质讲座，他那新颖而大胆的思想吸引了众多的青年学生。

就在这同时，耶稣会的另一名神父桑志华（1914 年来华，在天津建立了北疆博物院）在中国甘肃庆阳附近发掘了大批动物化石及石器，由于桑志华是个植物学家，对于地质和考古是外行，因此他不得不求助于法国国内的帮助。从 1921 年起，桑志华就将一些最重要的化石标本寄往巴黎博物院，以求专家鉴定。布尔将此任务交给了德日进，德日进不负委托，于 1922 年发表了题为《中国北方蓬蒂期的哺乳动物群》的论文。第二年，当桑志华邀请德日进参加“法国古生物考察团”到中国进行为期两年的考察时，德日进欣然同意。

德日进来中国之时正是中国近代地质学大发展的前期。从19世纪下半叶到20世纪20年代，经过中国科学家章鸿钊、丁文江、翁文灏和外国科学家李希霍芬、安特生、葛利普等人的努力，中国近代地质学初具规模，但古脊椎动物学在中国尚处于萌芽状态。因为这时外国专家虽然有安特生与葛利普等人，但没有一位是真正既懂地质又懂古脊椎动物学的；中国第一代古脊椎动物学家杨钟健、裴文中等还在大学就读。中国一向以盛产“龙骨”而著称，在地质学的发展过程中，化石在鉴定地层年代上有着重要的作用。因此，当时中国急需具有国际一流水平的古脊椎动物学家。德日进正是在这个特定的时期来到中国，有幸目睹了一系列震惊世界的发现，并亲自投身于中国地质学的建立与发展之中。德日进在中国度过的23年正是中国近代地质学发展史上的一段黄金时代。

德日进于1923年5月23日抵达中国。在鄂尔多斯高原这块被人遗忘的土地上，他与同事们发现了旧石器时代人类存在的证据。中国西北面这块广袤土地深深地吸引了德日进，他在给法国著名考古学家步日耶的信中写道：“我完全被眼前的工作吸引住了，被我所看见的全新的东西吸引住了……内蒙古给我印象最深刻的是它简直就是古代标本（动物和人类文化的标本）的天然博物馆，是过去的一个剖面。”

考察以包头为起点，横穿乌拉山到狼山东麓后，再折向西南抵河套西北缘的三道河。在三道河他们发现了一批第三纪上新世的动物化石。从三道河继续南下，他们来到甘肃省灵武县境内的水洞沟。在水洞沟的一个黄土崖上，他们发现了一个古代的炉坑遗址，其中有大量烧焦的碎骨与人工打碎的石块。德日进根据他以前在法国、西班牙等地的经验，当时就断定这个遗址是古代人类居住所在地。在水洞沟附近 1 公里的范围内，他们还发现了四个遗址，并收集了大量的石英岩石器碎片。“事实证明，沿水洞沟一带的黄土崖上，到处都有发现旧石器时代石器的可能。”水洞沟今天以“水洞沟文化”而著称。

接着，德日进与桑志华在河套东南部的萨拉乌苏河（红柳河），发现了著名的萨拉乌苏文化遗址。这里的化石不仅很丰富，而且还很完整，有披毛犀、瞪羚、马、鹿等 33 种动物及 11 种鸟类，其中披毛犀是一具完整的骨架，这是国内最早发现的完整的披毛犀。另外，在萨拉乌苏河西岸的一个小村庄附近，他们在同一地层中发现了旧石器时代的文化遗址，在这里挖出了大量破碎的骨片和石器。

这次考察还收集了三件人类化石：两块股骨和一块肱骨。但由于这三件人类化石是从河谷的表面拾得，无法确定其层位和年代，因而意义不大。后来德日进在整理 1922 年桑志华从萨拉乌苏河采集的化石时，从众多的羚羊牙齿化石中发现了一颗人类的上门齿。根据记录，它是在更新世的砂砾与混有现代砾石的地层中采集的，并且根据牙齿的石化程度以及与大量动物化石共生的情况来看，可以确定这枚门齿属于更新世。

这枚门齿所代表的古人类后来被定名为“河套人”。“河套人”在当时虽然仅有一枚牙齿为代表，但却有其深远的意义。当时中国的古人类学研究尚在萌芽时代，由地下发现的人类化石尚少，除安特生发现了一些新石器时代末期的人类化石外，更新世时期的人类化石尚无发现。正是由于德日进认真的工作态度和高度的鉴定水平，才使这颗珍贵的人类化石为世人知晓。它的发现预示着在中国广大的疆域内，埋藏着丰富的古人类遗骸。德日进曾写道：“从喜马拉雅山到阿尔泰山的区域内，既然有广大的更新世地层（指黄土堆积），古生物学家就有发现人类化石的机会。”后来周口店“北京人”的发现及新中国成立后各地发现的古人类化石都证实了德日进当初的预言。

水洞沟与萨拉乌苏文化遗址的发现，在人类学及考古学方面都有着重大的意义。在这之前，西方有些学者认为中国无石器时代的人类，德日进、桑志华在河套地区的发现，使中国文化的研究延展到旧石器时代，“中国无石器时代人类”的说法也不攻自破。裴文中曾这样评价说：“关于中国各史前时期的发现和研究，我们应该推崇几位中外学者，没有他们的努力工作，中国史前学是不会进展如是之速。这几位学者中，贡献最大者，有鸟居龙藏、安特生、德日进、桑志华、滨田耕作、李济及梁思永诸人。”

三、流放中国

1924 年秋天，德日进回到法国，然而等待他的将是艰苦的磨难。1925—1926 年期间，德日进举办了一系列有关进化方面的讲座，进一步宣传他的宇宙进化新观念，从而触犯了教会，教会决定禁止德日进讲学。1936 年德日进被迫再度来华，在北疆博物院协助桑志华工作。

在北疆博物院期间，德日进与桑志华经常外出考察，发现了泥河湾地层及骨化石。泥河湾位于河北省阳原县桑干河边。1924 年夏天，桑志华将他早期在泥河湾附近采集到的几块丽蚌化石和几块骨化石碎片拿给德日进与巴尔博观看，德日进与巴尔博立即意识到当时认为仅存在于黄河流域的三门期第四纪早期地层也将在桑干河流域发现。为了证实这个看法，桑志华和巴尔博随后对泥河湾作了一些调查，发现了埋藏丰富的化石群。1926 年 10 月，德日进与桑志华再次来到泥河湾，对这一地区的地层及古生物作了详细的考察，证实并澄清了他们的一些想法。

泥河湾地层是一套相当复杂的混合堆积物，德日进和巴尔博将此堆积物年代定为上新世。他们在这儿挖掘了 7 个月，发现了 39 种哺乳动物化石，这些化石后来由德日进与皮维陀进行了研究，于 1930 年写成《中国泥河湾哺乳动物化石》一书。由于泥河湾堆积物不仅发育良好，且出露完全，各个时代的地层几乎都含动物化石，因此过去一直被认为是华北更新世早期的标准地层，在研究其他地区更新世早期的地层和化石，或者涉及到第四纪下限的问题时，都需要和泥河湾组进行比较。最近几年对泥河湾地层虽然有各种不同的看法，但基本可以确定“泥河湾层”的下部属于上新世。

早在 1922 年，师丹斯基就在周口店龙骨山出土的化石中发现了两颗人类牙齿，这一消息直到 1926 年 10 月 22 日在北京各学术团体联合欢迎瑞典皇太子大会上，才由安特生宣布。德日进当时并不完全相信这一惊人的发现，他在 10 月 25 日给安特生捎去的一封短信中写道：

> 承蒙好意送来的照片已仔细拜阅。我认为站在朋友的立场上，我不应该隐瞒我对它们的看法。
>
> 老实说，我并不完全相信那两颗牙齿有那种假设的人类的性质，甚至被当作是人类前臼齿的那个缺少牙根的标本，虽然乍看起来似乎十分可信，但却可能是某种食肉类动物最后的臼齿。另外一颗牙齿的情形也一样，除非它有明确的四个牙根。
>
> 周口店的牙齿即使永远无法证明属于食肉动物的（如我希望那样），然而我担心亦同样永远无法绝对证实它们是属于人类的。既然它们的性质还不确定，处理的时候必须极为谨慎。
>
> 不过，我始终未见到标本。同时，由于对师丹斯基在古生物学方面的经验抱有极大的信任，所以，我只想坦白地对你说出我的意见。

德日进虽对此有疑问，但这是出于他一贯严谨的治学态度，后来随着周口店又陆续出土了一些无可置疑的人类化石，德日进立即投身于周口店的工作之中。

鉴于周口店有如此惊人的发现，安特生与步达生一方面向洛克菲勒基金会申请了资金，以支持周口店的发掘工作；另一方面又与翁文灏合作建立了新生代研究室，由中外学者合作研究周口店遗址，德日进被聘为研究室顾问。周口店于1927年4月正式发掘，1929年12月2日，裴文中挖出了第一个“北京人”的头盖骨。年底，德日进与杨钟健完成了周口店的地质与古生物的初步报告——《周口店洞穴层简报》，这是对1927年系统发掘周口店以来的头3年的工作总结。报告简要地介绍了北京人遗址的发现经过，周口店地区的地质、地貌概况和3年来对北京人遗址的发挖过程，北京人遗址含化石堆积地层划分、堆积时代以及周口店各化石地点的时代序列等问题。其中值得一提的是德日进和杨钟健在报告中将北京人遗址含化石的堆积物自上而下分为10层。他们根据动物群的性质，确认这套堆积的时代“明显地属于更新世”，“无疑地比黄土期动物群古老，而且性质几乎完全不同”，但又“清楚地比三门期的泥河湾动物群年轻”。他们的研究成果为后来的周口店研究以至华北的第四纪地质学的研究打下了坚实的基础。50年代，贾兰坡根据新中国成立后的发掘，接着德日进和杨钟健划分的10个层，又向下划分了第11—13层和其下的“底砾层”。近年来，又有人根据探坑的资料，继续分出第14—17层，其中第14层相当于“底砾层”。由第13层以上的整套含化石堆积，时代上均属于中更新世，即德日进和杨钟健报告中所说的“三门期”与“黄土期”之间的一个时间单位，亦即通常所说的“周口店期”。这个在半个多世纪以前得出的结论在今天看来，基本上是正确的。

这一篇报告为研究北京猿人遗址揭开了序幕。从1929年第一个“北京人”头盖骨的发现到 1937 年七七事变之前，周口店每年都有重要的发现，出土了大量的动物化石、打制石器及人类化石。德日进为他能赶上这样的好机会而感到兴奋不已。他说在他一生的科学生涯中，有过几次偶然的好运气，恰好正值由于人类化石的发现而使古人类历史真相大白的关键时刻。他经常亲临周口店挖掘现场，带着行军床，完全同中国人生活在一起。在这段激动人心的日子里，德日进的主要任务是负责地质和古生物的鉴定和研究。这段时间也是他学术生涯中的黄金时代，野外考察之暇，德日进便埋头著述，发表了大量的科学论文。其中关于周口店的有：1932 年与裴文中合著《北京猿人的石器文化》，1934 年与裴文中合著《1933—1934 年间周口店的新发现》，1936 年著《周口店第九地点的哺乳类化石》，1938 年著《周口店第十二地点的动物化石》。这些研究成果对了解中国更新世“周口店北京人动物群”的性质以及“北京人”的生活环境都提供了十分可靠的材料；为中国第四纪哺乳动物以及旧石器时代文化的研究奠定了基础，使中国在这些领域的研究从一开始就具有世界先进水平。

德日进对确定北京人用火的问题也很有贡献。周口店第 1 地点用火的研究始于 1929 年。在此之前，发掘中时常出土有色骨骼、鹿角及黑土，但却未引起足够的重视。1929 年，裴文中主持周口店的发掘工作，在德日进的启迪下，注意收集用火遗迹材料和石制品。1930 年年底，德日进将采到的有色碎骨和鹿角带至巴黎，与法国史前遗址出土的烧骨作了对比研究，并得到步日耶的首肯，还在巴黎作了化学分析，证明鹿角和骨片的颜色非有色金属污染，是燃烧的结果，内含游离的碳。次年，将周口店鸽子堂出土的黑土拿到北京协和医院，又请人做化学分析，所得结果与巴黎的一致，黑土实是灰烬。从此，学术界承认，北京猿人是懂得用火的古人类，把人类用火的历史提前到距今 40 万—50 万年前，刷新了远古人类用火的历史纪录。

新生代研究室虽为发掘周口店而设立，但它的工作并不仅限于周口店。在周口店工作之余，德日进多次与杨钟健同行到山西、陕西、内蒙古、新疆、东北等地考察，在他们多次合作中，杨钟健深感德日进知识之渊博及人品之高尚。杨钟健在 1931 年出版的《西北的剖面》一书的序言中写道："四次旅行，都与德日进同行，他为人的诚恳和蔼，观察自然的精敏，治学的小心和他伟大的丰富的学识，不但知识上得了许多帮助，而人格上也受他深刻的感化。同他旅行，实是一种愉快，令人可忘征尘之苦。"

对德日进来说，与中国科学家的合作使他感到非常愉快。他在家信中写道："我之所以感到这里（指中国）很有吸引力，并不是因为我能传入被他们所排斥的宗教或是西方的影响，而是因为我能克服重重障碍，和完全不同类型的一群人在一起，站在真正人类的脚下，追求我们共同的真理目标。"

20 世纪 30 年代的北平，在地质与古生物学领域是人才荟萃的国际学术研究中心之一，来自世界各地的知名学者，如步达生、师丹斯基、安特生、斯文·哈定、谷阑阶、魏登瑞等，再加上中国学者如丁文江、杨钟健、裴文中等，先后聚集在北平，密切合作，使我国的地质学、古生物学一起步就具有国际水平；新生代研究室也因此成为当时世界上著名的古脊椎动物与古人类研究中心，培养了一大批中国自己的古脊椎动物学专家。可以这样说，我国当前古脊椎、古人类的研究方法仍是20世纪二三十年代周口店的继续和发展；由新生代研究室发展而成的中国科学院古脊椎动物与古人类研究所，在目前国际古脊椎动物与古人类研究方面保持先进地位。

德日进在华期间，足迹遍及大半个中国。仅在1960年出版的《中国脊椎动物化石手册·哺乳动物部分》一书中，由德日进发现或研究的动物化石就有6个目，82种。除此之外，德日进对地质学也有很多研究。在地质学方面研究最多的是新生代地层，其他方面如地文、地貌、岩石等均有研究。从目前看来，这些工作虽然有些粗略，但在中国地质学尚处于初步发展的阶段时，这些工作有着奠基意义。

德日进虽是个地质古生物学家，但于考古也很擅长。如1924年著《中国北方旧石器时代文化的发现》一文，对河套地区水洞沟、清水营、萨拉乌苏河、油房头等地出土的石器一一作了论述，至今仍是研究中国华北旧石器的重要参考文献。德日进对于石器的发现与收集也有独到之处。1932年在参加中法考察团的归途中，尽管气候恶劣，德日进仍能经常发现史前石器。他的队友这样评价他："他不时地停住车，下车拾起一个又一个的石器。他那锐利的眼睛能在风化的灰土地上发现最细小的石器。"

四、沦陷区坚持工作

七七事变之后，在中国北方进行野外考察已不太可能。但德日进仍于 1937 年 12 月参加美国“中亚考察团”远行缅甸一带进行考察。1939 年年底，德日进回到天津，此时华北已沦陷，且天津英法租界当时已被日军封锁。为了避免日军的骚扰，更好地开展研究工作，德日进与北疆博物院代理馆长罗学宾（桑志华已于 1938 年回法国）将北疆博物院的主要藏品（除陈列室保留不动，笨重的岩矿标本、浸制标本、昆虫和植物蜡叶标本仍留在原处）及实验室仪器设备于 1940 年 6 月迁往北京，在东交民巷台基厂三条三号当时法国大使馆处租借了一幢楼，成立了地质生物研究所。罗学宾任所长，德日进因其被流放的身份，不能任职，只是担任名誉主任一职，手下还有汤道平（地质学家）与罗伊（植物学家）两人。

由于日寇的侵略，周口店的发掘工作于七七事变之后就完全中断了。新生代研究室由于名义上是中国地质调查所和美国在北京设立的协和医院两家合办的，因此在 1941 年太平洋战争爆发前，新生代研究室作为协和医院的一个附属组织，仍在坚持工作。其时杨钟健与卞美年已离开北平去了长沙，坚持在新生代研究室工作的也只有裴文中与贾兰坡等。1941 年日美宣战后，协和医院也被日军占领，存放在协和医院娄公楼里的标本遭到了很大的破坏。不久，新生代研究室的人员被遣散，新生代研究室也随之瓦解。当时法国由于被希特勒占领后成立了贝当伪政府，德日进已成为被占领国的海外遗民，兼之地质生物研究所又挂了“私立”二字，因此避免了日本人的干扰。

被日军占领的北平，条件极其艰苦，活动范围也很小，德日进还深陷丧国与被逐的双重悲哀之中。然而，就在这种恶劣的环境下，他仍能坚持研究。同时由于新生代研究室已停止工作，为及时将研究成果报道出去，地质生物研究所开始定期出版刊物。德日进的几本重要专著也于这一时期问世。

1941 年著《中国的早期人类》，德日进根据他在中国多年的工作经历，对中国早期人类生存的环境、背景及后裔的分布等问题作了详细的分析，为我国古人类学的研究作出了重要的贡献。

1942 年著《中国北部上新世和更新世晚期的新啮齿类》，对来自泥河湾、包头、榆新盆地及庆阳的啮齿类分别作了详细研究。

1942 年德日进还与罗学宾合著《中国哺乳动物文献》一书，把 1942 年以前在中国发现和研究过的哺乳动物文献都收录在内，这本书至今还是研究我国哺乳动物化石的工作者必不可少的工具书。1983 年，我国古脊椎动物学家李传夔与丁素因在美国用英文发表了《中国早第三纪哺乳动物化石文献》，实际上就是德日进的《中国哺乳动物文献》一书的续篇。

长期的野外考察工作使德日进成为一个闲不住的人。虽然不能出远门作地质考察，但德日进还是尽量使自己多多接触大自然。他和法国大使馆的一些人员经常在星期天去北京西山郊游，这时他总是带上地质锤考察岩石碎片，估计地层的年代、层位等。他在家信中写道："我又恢复了地质工作，在西山我和朋友们野餐的有限范围内，我发现了一些有趣的问题。星期日的探险已成为惯例，每星期做些野外工作使我感到又年轻了许多。"这种每星期的野外考察也使德日进有所收获，他发表了《北平西山的起源》与《北平附近发现的一种双翅目昆虫化石》等论文。

在沦陷区那些艰难的日子里，德日进以其乐观的态度鼓励、影响着周围的人，使大家安然地迎来了第二次世界大战的结束。

1946 年，第二次世界大战结束后，德日进两袖清风地回到欧洲。地质生物研究所也随之解散，但研究所的大批标本一直下落不明。后来天津博物馆在整理北疆博物院的旧档案时，发现了一份“地质生物研究所存放于中国地质调查所新生代研究室标本清单”，是 1946 年 6 月 20 日由新生代研究室副主任裴文中开具的，清单上所列标本共 11775 件，共分 4 大类，17 项。清单最后还附有简短说明：“以上所列标本，在我们的私人管理下，现存在于新生代研究室。这是取得了他们的同意。其使用权要等罗学宾、德日进神父再回北平时为止。”

这批标本当时完全可以归还给天津的北疆博物院，但德日进没有这样做，在中国 23 年的科学生涯使他和中国科学家结下了深厚的友谊，且深知继承他的科学事业的人是一批中国科学家，而不是天主教会。因此德日进用这种托管的方法，将采自中国的一批重要标本巧妙地归还给中国。尤其是在当时抗战刚结束，新生代研究室正处于百废待兴的阶段，以前的标本被日军毁坏了很多，德日进归还的这批标本及时地弥补了一部分缺陷，对新生代研究室的后期工作起到了一定的作用。

五、“现代的先知”

虽然德日进一生都在忙于考察地层、研究动物化石，然而在他内心深处却从未停止过对于宇宙、人类与宗教的思考。前面说过，他在哈斯丁攻读神学期间，读到了柏格森的《创造进化论》之后，便开始对演化理论大感兴趣。1911 年，他首次对传统二分法提出不同看法，认为精神和物质、灵魂和肉体、意识和本能并不是两种敌对的东西，而是同一整体的两种属性，是宇宙同一素材的两面。1919 年，他的哲学思想中的主线已经明确：将宇宙及人都视为演化的过程。

在这之后，繁重的工作、辛劳的旅行，这一切都使他感到心灵上的孤独，但这种孤独并不会使他的心枯萎，相反，他追求深刻的孤独，希望和自己独处，好清楚自己内心深处的渴求。

就这样，在骆驼背上，在漠漠荒原中，在喧闹的人群里，他都能安详地独自思考。同时，他还是一个敏锐的自然观察者，在大自然的递嬗演变、沧海桑田中，他看到的却是一种完整的和谐，并从中体验了永恒。永恒是德日进生命与思想的根源与动力，也是他不屈不挠的奋斗目标。

然而，他也绝不是一个孤芳自赏的人，他为人亲切、随和，善解人意，有一群真诚的朋友。在北平的岁月里，他与朋友们共同探讨问题，在知识的领域里，没有国界，没有隔阂；智慧的火花相互激发，心灵畅通无阻地交流，使德日进原本宽阔的胸怀在这里获得长足的发展，他的开放的世界观便因此而确立。他相信人的互相合作，认为只有集体的组织和知识的交流，才有发展共同前程的可能。

在流放中国的岁月里，他走遍了荒漠，这块古老大地上的时空演变给了他意想不到的灵感。于是他愈发相信演化的事实，1926 年，他写道："在学术上，我一直对地质学上的技术研究感到有趣，因为在地质学上还有许多等待解决的问题。但是，特别在这一二年来，我却逐渐把史前史的研究转到现代人性的问题上来。我逐渐发展出一个颇为清晰的念头，认为人乃是大地现象的极致，他就是地质过程和伟大生命之流的巅峰。换句话说，我发现了地质学的人性发展。”

德日进生活在一个充满疑虑与困惑的时代。他目睹了现代主义的危机，被不公正的政治斗争赶出了自己的国家。当他达到成年时，正赶上 1914 年可怕的第一次世界大战。几年之后，他又看到在苏联十月革命的热潮中，维持了几个世纪的社会结构崩溃了。他本可以退缩在他的寂寞中保持沉默，然而他的所作所为恰恰相反，他深深感到说出、写出自己的思想是他不可推卸的使命。于是，在繁重的研究工作之余，他伏案疾书，尤其是在外出乘船旅行时，他更是灵感如泉涌。终于，他一生中最重要的哲学著作《人的现象》1940 年在北平脱稿。在这部书里，他实现了自己所追求的三重的综合：物质（物理的世界）与心智（精神的世界）的综合、过去和未来的综合、复杂众多和统一单独的综合。限于篇幅，笔者在此只能作一简单介绍，也许读者能从中领略到德日进思想火花的一鳞半爪。

德日进认为，生命现象的深处有一个“内在”存在，并且有史以来就存在于自然之中。宇宙中的万事万物不仅具有其物质的属性（外露），同时具有其精神的属性（内涵），外露与内涵的共同属性是构成宇宙的基本“原子性”。物质的“外露”遵循物理学统计规律，由太初同性质的基本粒子逐渐复杂并集中，从电子、质子、中子至原子再至分子，在不同的层面（圈）上构成各种不同性质的物体；而物质的“内涵”——意识的基本元素，也与物质元素一样在太初是同质的，随着时间而逐渐复杂和集中，产生不同的性质，内涵的高度集中与内化即产生生命和意识。在此，德日进提出了复杂性与意识之律。

他认为精神具有很大的能量，并且假定能的本质都是心灵的。他把能量分成两类：切线能和向心能。切线能将宇宙中同类的其他元素（同样复杂性和同样集中程度）联结在一起，向心能把元素本身带进更高的复杂性和集中程度——即向前推进。向心能是切线能的函数。“若有一部分的切线能表现出来了，则组成的颗粒很显然会与邻近的颗粒一齐增加它内在的复杂性（因为它的集中程度自动地增加），由此而增大它的向心能，而后者就跟着反应而造成了切线部分的新安排，由此而衍生不已。”

宇宙间能量是守恒的，按热力学第二定律，整个宇宙处在不断的“熵化”之中，终有一天，所有能量全部转化为热能，整个宇宙达到热平衡而出现“热寂”。对此，德日进的解释是：向心能是不受熵的束缚的，它与切线能互相辅助、互为因果。在演化过程之初，切线能支配向心能而占据主动地位，宇宙表现为物理的世界。由于物质在不断演化中逐渐集中和复杂化，便有许多潜在的切线能释放出来，以增加内在的向心能，使它逐步成长，并导致了意识的出现。一旦意识诞生、思想形成之后，向心能开始指引切线能，此时宇宙不再受热力学第二定律的约束。随着演化的发展，向心能不断增大，反过来又增加了演化的进程。

整个宇宙的历史是一种逐渐转变而且朝一定方向发展的演化，演化是一种集中的、进步的、不可逆的过程，可以看作是一种生生不息的成长。宇宙间存在着统一的重复体和未组织的纷纭体，两种东西的竞争形成不停的演化，其程序是：发散、收敛和突现。

最初的宇宙是大爆炸后形成的发散状态，在切线能和向心能的共同作用下，各种原子收敛并突现出分子；分子再发散成各色不同的分子和同分异构物，在这中间继续收敛并突现出细胞；细胞的繁殖、代谢便代表了另一次的发散，然后经由众多细胞的累积而开始收敛的过程，从而突现出植物和动物。人也是在这种过程中诞生的。人类出现后，由于思想的形成，演化开始觉醒，开始关心自己。于是从人开始，宇宙的历史转入收敛的阶段。最终，整个宇宙收敛至一个奥米加点（Ω，希腊字母的最后一字，有终了、最后之意），这便是终结的实现。

在这里，德日进向我们描绘了一幅宇宙演化史的蓝图。由于他的蓝图涉及到人类未来的发展方向问题，因而他被很多研究者戏称为“现代的先知”。然而，他曾多次说道：“我并不想解释世界，仅是将人作为一种现象……我也并不试图在宇宙万物间发现一个本体论和因果关系的体系，只是提出一种假说，或许可以此来说明宇宙间万物的现象。”因此我们虽然不能完全赞同他的观点，但也无妨介绍他的理论。也许他真是一位逾越时代的先知，也未可知也。

六、第二次流放

第二次世界大战的枪声刚刚停止，德日进就乘上第一艘从远东运送各国人员回国的船只回到欧洲。通过步日耶的帮助，他很快准备迁居南非，那儿刚发现了南方古猿的化石。1947 年，正当他即将踏上旅途时，却因心脏病发作而难以成行。

此时距德日进第一次被逐虽已 20 多年，但教会并没有解除对德日进的禁令。1947 年他被警告禁止从事哲学论文的写作；1948 年秋天，他第一次访问罗马，以期获准参加竞选法国学院教授的职位，然而教会仍然无情地拒绝了他；1950 年，他将《人的现象》一书修订为《人之动物群》，重新申请出版，也被驳回。这些禁令使德日进在法国的处境日渐艰难，最终导致了他的第二次被放逐。1951 年 11 月，德日进以 70 岁的高龄，又一次背井离乡来到美国，从此定居于纽约。

德日进在 1948 年访问美国时，曾接受温纳 – 格伦基金会的签约资助。迁往纽约后，德日进于 1951 年开始着手他在基金会的工作：一是继续组织人类化石的研究工作（人类起源方面）；二是开始一种完全新型的研究，旨在科学地发现并证实他所说的在人类向前进化过程中的"收敛"；三是从人性在生物收敛过程中的角度，继续他对基督学和基督徒的思考。

1951 年与 1953 年，德日进两次远渡重洋，亲自去南非作实地考察，并发表了《南非史前研究的新进展》《南方古猿在动物学上的地位和进化上的重要性》等论文。与此同时，他作为一名国际古人类学家正在受到重视，他的名望在不断上升。1953 年 6 月，德日进从南非归来时，经罗马特许，在巴黎作了一次关于非洲和人类起源的学术报告，听者蜂拥而至。这又激起了反对者的狂热，结果迫使德日进不得不缩短在法日程，匆匆回到纽约。

在旅居美国的几年间，德日进一直活跃在美国学术界，他经常巡回各地作演讲、开学术讨论会，并不断有论文发表，他一直工作到生命的最后一刻。1955 年 4 月 10 日，在一个春天的傍晚，德日进因心脏病发作而永远闭上了他那智慧的双眼，这一天恰好是复活节。

（作者：舒 群）

德贞

东西方医学文化的交流使者

德贞

（John Dudgeon，1837—1901）

英国医士德贞，在中国京都施医，历年十有余载。亲医病躯十数万，经验多而阅历深。奇异怪症，疗治极多。前在同文馆曾为医学教习，上而王公巨卿，下而农工商贾，几莫不知施医院有德大夫者。

——艾约瑟：《益智新录》1877 年 12 月

德贞，字子固，英国苏格兰格拉斯哥人。1862 年获格拉斯哥大学医学院外科学硕士。1863 年受伦敦会派遣来华，在芝罘行医传教，1864 年进京主持伦敦会医学传教事业。在北京 30 余年，英医德贞“素负时名，中国亲王大臣，及各国驻京钦使，无不与之缔交，同深仰望”。他一生结交的不是权倾朝野的王公大臣，便是有开明思想的政治文化精英。晚年，他时常出入李鸿章相府商讨中英外交事务，还受邀为外媒撰写时事评论，同时替晚清亲王大臣和列强驻华外交大臣提供政治与外交咨询，据称他是在北京知名度仅次于赫德的外国人。

虽然，德贞在 19 世纪是享誉中外朝野的“良医”和名人，但如此声誉并未延续至 20 世纪，近代史的研究中很少有提及德贞的。因为他较早脱离伦敦传道会，所以在医学传教的研究领域中他始终被边缘化；因为他是以医生的身份参与到晚清西方知识传播的大潮中，译解的内容只限于医学，又过于注重最新技术的介绍，而不是社会大众可以读懂的科普作品，致使思想文化史的研究学者只能对他的译作视而不见；更因为他是一名医生，国际关系和外交史研究者也就不会在乎他的意见和行为。

然而，德贞留下的历史遗产，他在近代中外医学文化交流中产生的效应，远超过他作为京城“名医”的影响力。这可由历史来证实：1865 年，他在北京创办第一所近代化医院——京都施医院，即为对中国近代医学产生重要影响的协和医院前身。1871 年，德贞受聘总理衙门，出任京师同文馆第一任医学与生理学教习，同文馆医学班日后并入京师大学堂，就是如今北京大学医科部（原北京医科大学）的前身。由 1870 年代始到 1890 年代末，德贞持续 20 年在传教士主办的中文报刊上撰写医学专栏，介绍解剖学、生理学和临床医学技术，开启近代医学科学的入门教育，从而在思想领域上影响到当年维新志士和清廷开明士绅。由医院临床、医学教育和身体知识传播三个层面考察，作为首位进入清宫和清官场的西方医生和医学教习，德贞为帝国统治者作了近代医学的知识启蒙，并协助清政府奠定了中国医学近代化的早期模式。

30 余年来，德贞还“专岐黄，力学不倦，于华洋古今图书无不考索研究，探其精蕴”，他在欧洲医学界演讲中医健康之术、在英文医学杂志发表探讨中医论文，主动承担着将中国的健康理念和医疗方式介绍至西方世界的责任。由此，德贞曾被欧洲汉学界视为难得的医学汉学家。

一、誉满京城的名医和良医

1864 年 3 月 28 日，德贞抵京主持管理施医院工作，同时兼任英国使馆和美国使馆的私人医生。1865 年，德贞将医院从英领馆迁出，在哈德门大街上的火神庙内创建北京第一所近代化的医院——京都施医院，因门前竖有两旗杆，在京城以双旗杆医院闻名。医院的名声不久传进清宫廷，当时就有传教士预言：

> 医院很快接近王室，来就诊的都是大官，满人贵族、宫廷太监和皇室成员，还有蒙古王子和公主，他们都接受西医疗法。哪天他被唤进宫去为天子治病，我也不会感到惊奇。

历史事件往往源自某种偶然，奇迹发生在 1867 年。

总理衙门大臣谭廷襄的 9 岁小儿贪玩，用洋铳射伤自己，“洞穿腹膈，气已频绝”，德贞被急召至谭府抢救，不到 10 日小孩便“肌理如初”。这位原先对外国人颇有微词的朝廷重臣多次亲赴施医院拜谢德贞，并请总理衙门另一大臣董恂手书“西来和缓”以“酬匾额以旌其术”。

无独有偶，这年，德贞又碰到另一位至关重要的病人，或者说是武英殿大学士贾桢遇到了贵人。1866 年秋，贾桢陪同治帝去东陵，因坐在颠簸的轿子里长途旅行，身体右边轻度瘫痪，不能走路和书写，吃饭和说话都有问题。第二年春天，延请德贞治疗，贾桢不久就能写能说，还能灵活用筷子。他也多次去医院送匾拜谢德贞，据说他对德贞医院内的摄影棚和幻灯片颇感兴趣。从此“德公之大名乃洋溢于中国”。

其实，偶然成功的背后一定有必然因素的存在。在遇到两位中国达官之前，德贞高超的医术早已风闻北京，“凡有奇险之症皆延医士看视，痊者恒多”。更因医院无富贵贫穷之分，以致“求治者踵相接”，日平均收治病人达 100 余人。医院还为京城儿童免费接种牛痘。1866—1867 年白喉、麻疹和斑疹伤寒等恶性传染病先后侵袭京城，德贞率领医院全体人员投入抢救。白喉爆发时，德贞与助手们进行了 1000 例以上的手术。1867 年北京爆发斑疹伤寒，德贞因连续抢救病人，感染上肺炎和伤寒。此外，作为关注人类健康的人道主义者，德贞一踏上中国土地就将禁鸦片烟当作自己的责任，几十年如一日地关注北京鸦片烟瘾者，免费收治病人帮助戒烟，发明戒烟丸，进行病理研究，发起组织在京外籍人士开展戒烟运动，成为 19 世纪传教士反鸦片的代表人物之一。

显然，德贞的名声不是靠两例案子建立的，只是贾桢和谭廷襄俩人成就德贞为 19 世纪最早进入清官场和清宫核心圈子的西方医生。同治皇帝就因贾桢获治而知晓德贞，据德贞回忆，当年他曾送疫苗进宫给同治接种。不到十年，德贞的医术使“多亲王公侯俟，六大臣素信服。年中来就施医者均计约有万人”。有一次，丁韪良正绘声绘色地描述德贞如何娴熟地切除一位年轻人喉部肿瘤时，大学士沈桂芬插嘴说：“哦，是的，我早就知道了，那病人是我的一个堂弟。”名医德贞成为京城王公贵族乐意结交的外邦友人，刑部尚书崇实和总理衙门大臣崇厚兄弟俩是德贞的朋友，谭宝琦亦是德贞的好友。那时，常有显赫尊贵的皇家马车停靠竖着双旗杆的医院大门前，载他去皇亲国戚家中抢救病人、施行手术，或是饮茶聊天。

1877 年，德贞与曾纪泽相识，尔后成为终身挚友。曾纪泽以为“德君专精医术，求诊者接踵于门，刀圭所投，嘘枯起废”，并成为清廷中只信西医不信中医的另类。他不仅将全家的医疗保健托付给德贞，还积极引荐德贞给荣禄、李鸿章和恭亲王。1877 年春天，荣禄腰部生一枚瘿瘤，请名医无数，终难见效。曾纪泽向荣禄推荐德贞，荣禄自述当时“以中华之医但能奏效，即无须重烦德君，故迟迟未果”。然前后“医家已数十易，皆以不效退追”。至第二年冬天，“患处腐溃方圆七八寸，洞出三十余孔”，荣禄只能请德贞上门手术，二次共割十九刀，荣禄自述“患处日见起色，疮口之见收缩，七十日而平复大愈”。他赞叹德贞医术是“精深绝妙，竟克臻此，夫乃叹人之少所见者”。

1875 年，德贞第一部医学著作《西医举隅》出版，崇实以“良医与良相”为主题作了一番议论。他以为德贞是位有着国际主义精神的良医，“英国德子固医师，不远数万里来京师，施医十余年间，活人无算，而绝不受一钱，仁人君子之用心在斯乎”。中国士大夫在德贞的身上看到他们信奉的儒家精神：道德、良心、诚心和仁义。中国文化的基本元素镌刻在德贞日常生活中，体现在其交友与诊治病人的过程中。以至德贞第一次回国休假时，《万国公报》连续二期刊登欢送对联：“送英国良医德公子固回国对联”，因“多人恋恋不舍”，特意告诉中国读者，“先生大约二三年仍可来华，以慰众望者之雅意耳”。

良医德贞获得中国士大夫的赏识多少缘于个人因素和良好的社交能力，但若要获得社会大众的普遍认可却需要长期积累与道德磨炼，所谓“仁、诚”都是由心而起，自然天成。当年，谭宝琦因其侄获救而与德贞相识，但他对德贞的真正认识却建立在另一个基础上，“予于公余之暇时相过从，见求治者踵相接，无富贵贫穷，悉与施治，无德色，亦无吝容，孜孜焉以济人之利物为念，盖其居心慷慨、秉性慈祥，由以天授者然也”。德贞对待贫富病人一视同仁的态度是他赢得中国士大夫尊重的根本原因。丁韪良曾引用一句拉丁成语描绘德贞，Aequo pulsat pede regum turres，Panperumque tabernas（absit omen！），意为他既能走入穷人的陋屋，也能进入帝王的殿堂。所以在医院除了有伦敦会感兴趣的各省贵族、皇城官员、满清皇室、太监、文官、商人，还有大量的市民、农民、兵勇、乞丐都愿意尝试外国药物的功效。1869 年，德贞无偿救助当街剖腹自杀的山西青年，之后又在山西人集聚的城南“骡马市大街”设诊所，德贞的名声和西医术随之传到山西等内陆省份。就连远在上海的市民报纸《点石斋画报》都有良医德贞无偿救治穷人的报道，并评论称：“夫西人诚心济世，医院之设几遍天下，而实心办事。”

二、创建中国现代医学的早期模式

中国医学现代化始于 19 世纪西医传入，这意味着中国医学现代化是与西方医学在中国的传播相伴而行的。18 世纪末 19 世纪初始，西方医学表现出由内向外扩张的趋势，被医史学称为“西方医学世界扩散”，它波及地区包括非洲大陆、以中国和日本为主的东亚、以印度为核心的南亚以及东南亚地区，在这些区域通过设医院、办教育、译书立说，以改变当地文化中传统的身体知识、健康与疾病观念和求诊治疗方式，从而构成以西方医学科学为核心的新医学模式。

西医在中国传播沿三条途径展开：一是医学传教士筚路蓝缕开拓出的知识传播、医院医学和医学教育；二是作为清政府自改革运动内容之一的同文馆医学教育，创建中国特色的医学教育模式；三是留学生归国后，在新政权的支持下建构的中国现代医学模式。时间上三条路线是有重叠的。德贞是前两条道路上的开创者和建设者，京都施医院的成功和同文馆医学教育的流传有序便是明证。

1. 医院医学——以施医院为例

1865 年，德贞以 1100 两银子买下火神庙，又花了 200 两银子进行装修，他将一座中国式的建筑改建成近代化的医院，“医院漆得漂亮优雅并具装饰风格。庙宇式的建筑风格使得画笔和刷子有足够的空间表现色彩和图形，并产生强烈的视觉效果”。医院空间分布按专业功能设计，共有 5 个高大、宽敞、通风良好的大厅，分为候诊室（女宾室和贵宾室、普通人）、诊室、可容纳 60 位病人的病房、药房、学生和助手宿舍、厨房等，共计 30 余间房间。这样规模和标准的医院与同时代欧洲的医院已相当接近了，而“高大、宽敞并通风”的建筑特征，完全符合 19 世纪西方正蓬勃兴起的卫生概念的医院模式。

19世纪后半叶，施医院因德贞出色的医德和医术而闻名京城，施医院寺庙式建筑群和医院门前的木制双旗杆，被赋予精神和文化的色彩，成为医德和现代医学科学的象征，演绎为人文精神物化的标识。1900年义和团进京攻打东交民巷时，曾经免费救治了无数中国贫民百姓的施医院并未幸免于难，和其他教堂一起被焚毁。1906年2月12、13日，来自格拉斯哥的伦敦会传教士科龄在京都施医院原址附近开设了协和医学堂，协和医学堂由一组建筑物构成，医学堂的大院入口处重新竖立了双旗杆。1915年美国洛克菲勒基金会向伦敦会收购了协和医学堂，更名为北京协和医学院。同时购买哈德门大街上与原协和医学堂相对的豫王府，新建北京协和医学院，建筑设计风格是仿造寺庙和宫廷建筑，并在总入口处安置了双旗杆。1925年出生于医学传教士家庭的加拿大公共卫生学教授兰安生，受洛克菲勒财团委派负责开拓协和医学院的“公共卫生教育”，他选取一座废弃的寺庙，创建协和医院公共卫生中心，“就像德贞一样，将一所旧寺庙改变成了一所医院”。1937年协和第29届毕业生鲍依琴在长沙“依德贞和兰安生为先例，将医院和护士学校设在一所改建的旧庙里”。

今天，安插在水泥墩中的不锈钢双旗杆依然竖立在作为中国现代医学的标志性院校——中国医学科学院和中国协和医学院的门前，对协和医学院来说，寺庙式的医院建筑和双旗杆标识，这一可视性的标志其实是一种精神理念的传承、文化遗产的物化表现，它已融入学校文化与学术传统中，是为协和医学院人文精神的体现。只是很少有人知道这一精神传统源自“良医”德贞的这一史实。

2. 医学教育——同文馆的医学班

同治十一年（1872），德贞受聘同文馆医学与生理学教习，中国官方医学教育由此开始。但中国官方医学的发展依然要经历一番曲折，德贞虽在馆内讲解“体骨”知识，但未列入正式课程，只是选修课。“至于医学未列课程者，盖非诸生必由之径，或随时涉于体骨等论，以广学识，或俟堂宪谕令而专习之皆可。”中世纪西方医学院的教学是与医院完全脱离的，自法国大革命后，西方的医学教育和医学科学发展才与医院结合，形成医院医学模式，医学院的解剖学教授往往由医院外科医生担当。早期同文馆的医学教学颇有中世纪西方教会医学院的风范，以身体知识讲解为主，没有临床和实验室内容。

德贞从不是一个按常理出牌的人，他一方面以同文馆为社交平台，广泛结交总理衙门大臣，建立互相信任的朋友关系，从而登堂入室成为他们的家庭医生，逐步纠正他们对西医的看法，进而转变他们对同文馆医学教育的态度；另一方面，充分利用同文馆教育体制存在的空间，坚持将选修的医学课变成常规课程。主管总理衙门大臣毛昶熙曾记录德贞授课的场景：

> 余每至馆中，见其与生徒口讲指画，剖析疑义，虽素不解医，未敢断为悉当，而所言雅有理致，娓娓可听。

同文馆考试分月考、季考、岁考和每三年一次大考。资料显示，除了光绪二十三年（1897）大考，该年德贞已从同文馆退休，其余岁考和大考记录中均有医学科目，不仅如此，德贞连例行的月考都不愿放弃。

显然，德贞从未将医学课排除在正式课程之外，相反，教学内容和方向都有缜密的规划与设计。同文馆的医学以“体骨学”为主，他从形式上规避了中国士大夫所担心或者是还不能接受的“解剖学”的实质内容——剖割身体以解读人体脏腑构造，也没有坚持按医学科学的实验方法讲解生理学知识和生命运动的功能，一切围绕着文字和图谱展开，他编写相关教材，如《论心》《论运血之器》《哈斐论》《运血之隧道》《脉论》《目睛论》等，最初发布在《中西闻见录》上，后结集成册为《西医举隅》。1875 年，德贞编著的解剖学彩色图谱《身体骨骼部位脏腑血脉全图》出版，列为同文馆教学参考书。1881 年，在《万国公报》上连载《续西医举隅》和《西医举隅》，以解剖学内容为主。1886 年，同文馆隆重推出德贞译著的解剖学巨作《全体通考》，该书以当时英美医学院最流行的解剖学教科书《格氏解剖学》为底本。19 世纪 80 年代后期，同文馆设过一个生理班。德贞以《克雷克生理学》为生理学教科书，这是英国著名生理学家克雷克在 1848 年出版的《生理学手册》，是为英美两国医学院经典教科书，同文馆所用的生理学教材与欧美医学院是同步的。

营养学研究是 19 世纪医学实验科学运用临床治疗的另一重要成就，1872 年德贞已将蛋白质、胃酸、脂肪的概念和消化之化学原理教给学生。1881 年德贞在《万国公报》刊发营养学知识，系统讲解“消化”与营养的原理，像“消磨食物次第之行径”“考论食物之损益”。同文馆后期医学教育已涉及到临床医学诊治。现存的同文馆考试记录可论证医学教育程度与教育成果。

同治十二年（1873）医学岁考的题目如下：

一、论脑之大端，并其关窍分布，以及胪列贴着之各头骨。

二、论大脑下面之各部分，由前及后。

三、论大脑之体质内，由上以及下，自前而向后。

四、论九对脑气筋，由前及后与散布之各处（并按其各对之功用述其名目）。

五、论第五对脑气筋发源处，与其散布并其筋结。

六、论髓道筋之大略，按其脊骨分布之节次以及反感之理。

七、论百节筋之大概。

这样的问题属于现代医学院解剖学第一学期的大考试题，涉及大脑结构、器质、脑神经走向、脑神经功能和神经结以及脊髓神经等内容。由现存考题分析，同文馆学生接受的是系统的解剖学教育，涉及骨学、肌学、脉学、神经学、消化系统（包括内脏器官）、感觉系统、泌尿系统等现代解剖学知识。

医学于大学教育和国家进步的重要性，对晚清大臣和知识分子产生了很深影响，医学与天文、算学、格致和化学，一同列为泰西各国的富强之本。1903 年，同文馆被分成两部分：译学馆和医学实业馆，并入京师大学堂。这一门起初并未列入正式课表的医学课在德贞与同事们的努力下，成为同文馆所有科学类教程中最有生命力、最具持续性发展能力的学科，最终使医学进入晚清政府的大学教育程序中。

当年，同文馆总教习丁韪良曾认为，西学东渐的所有学科中，“西医会是最早在中国生根，获取成功的学科”。如今，北京大学医学部（原北京医科大学），其前身便是京师大学堂的医学部，而它的历史最早可上溯到 1871 年开始的京师同文馆医学教育，时间仅比教会医学教育晚了 20 余年。

三、旧学新解：身体知识的现代解读

身体知识重新解读首先开启了西方医学的近代化历程，以人体为解剖主体的《人体之构造》一书于 1543 年出版，其核心精神是将人放置在解剖台和手术台上，以人为本探究生命的本源、身体的结构与功能及疾病的根源，从而颠覆盖伦经典而被视作是人类科学史上的里程碑，影响到欧洲思想启蒙，推进医学近代化。

西方解剖学早在 17 世纪便被介绍到中国，但直至 19 世纪 50 年代英国医学传教士合信译著的《全体新论》出版，才让中国人真正了解人体知识，其对中国知识界的冲击并不亚于《人体之构造》对欧洲社会的影响。只是《全体新论》是一部针对中国读者的知识结构而设计，将解剖学、生理学和临床知识混为一谈的初级教科书，更由于作者的传教士身份，书中甚至涉及部分神学知识。此后，北京、上海、福州和广州等地的传教士和医生在当地政府或是医院的资助下开始解剖学和生理学的译介工作。

但在 19 世纪的中国，身体知识介绍必会涉及两个问题：一是如何在译介过程中摆脱西方宗教神学对解剖学和生理学的影响，作科学意义上的完整传播；二是如何解决身体语言及知识的转换，在学理上突破中医固有的脏腑学理论，以解剖学和生理学理论取而代之，但在语言上全盘放弃中文的身体术语显然是不可行的。《全体新论》未能解决的问题，同样困扰着当时的传播者们。

德贞是这个行列的先驱者和开拓者之一。

1. 由"全体"到"解剖"的进步——以《全体通考》为例

德贞在同文馆授学时："始自全体而发论，继由脏腑以相因，至于人身之骸骨，次序、名目，中西迥别，莫或折衷，乃取中华《洗冤录》，察阅人身骨格全图，与其部位名目。考核之余，而讹谬歧出，不胜慨然。"于是从 1873 年 3 月起他在《中西闻见录》上连载"洗冤新说"。沿袭《洗冤录》的体例，由西方验证科（法医学）设立发展史和律法制定过程开始，过渡到介绍身体正常与非正常结构、不同生命周期的人体特征，讲解法医鉴定方法和标准。并出示"洗冤录骨骼全图"和"全体骼骨图"，留给读者充分的空间比较中西方身体知识的差异，以此介绍西方人体解剖学知识。在那个时代，由中医经典切入介绍先进的解剖学知识不失为一种智慧之举。

1879 年，德贞选择《格氏解剖学》为底本，以《洗冤录》《医林改错》和《医宗金鉴》为中文参考书，着手翻译。自 1881 年起，他陆续将其中的内容以《西医举隅》之名刊发在对维新人士影响最大的中文报刊——《万国公报》上，是其唯一的医学专栏。1886 年，德贞的译著在荣禄等众多清廷高官的推荐下，由同文馆出版，题名为《全体通考》，计18卷并附18卷图谱。作者除完整翻译原书外，还补充了两项内容，使《全体通考》所阐述的身体知识和内容远超其底本《格氏解剖学》：一是从《大英百科全书》转译“解剖学史”，介绍西方解剖学发展历程，指出西医科学的进步与人体解剖学的发展、思想解放有密切关系，以“解剖学志”刊列书首；二是对书中的相关内容添补背景知识，如新名词的发明史、欧洲各国对某些疾病状态的不同解释、不同传统和社会风俗对身体行为的影响，时而还就中西医的不同解释作比较说明。与同时代其他医学译著不同，《全体通考》非教会出版物，是晚清官方出版的第一部解剖学教科书，同文馆聚珍版，印刷装帧精美华丽，售价昂贵，堪称19世纪的解剖学巨作。

《全体新论》问世后，中国知识界便开始流行一个新术语——“全体学”，至20世纪初，以“全体”为名出版的解剖生理著作不下十种，1896年梁启超编《西学书目表》，创新中国近代书目分类法，他在“学”类目下新增一栏“全体学”，特标明为身体知识的学科，特别与“医学”区别对待，最晚到1904年，中国学术界和清官方一直以“全体学”指称“解剖学”。换句话说，在20世纪前中国并不存在“解剖学”，而只有“全体学”。

以“全体通考”命名的这部著作，却出人意料地在封面上列出“解剖学志”，并在全书中特别标出“解剖”和“解剖术”，以夹注的形式描述所论器官、血管或肢体骨骼在身体中的解剖位置，或是在该部位如何施行解剖的方法与路径，如标在“总脉管弓”上方的

"解剖"说明:"如察此弓，须割胸骨两边肋脆，将其骨自下上提，由胸骨与锁柱骨交接之处锯之，则开其胸，须看其胸骨上边与项根大血管之连属。"

那么，"全体学"与"解剖学"的差别在哪里？德贞解释说:"解剖学，专为割断人身之各处而言。"同为身体知识的学问，但方法论却有天壤之别，"全体学"只讲身体结构，不涉及"割断人体"的基本方法和解剖学思想，不崇尚解开人的"身体"，而以科学的方法探求"人体"和"生命"的本质。19世纪的中文解剖教科书基本以身体结构和形态的描述为主，很少涉及观察身体的方法和手段，更不要谈探察的技术。德贞选用的"解剖"一词既有传统词语中"剖""割"和"切"的意思，表示对身体施行"剖""割"，同时又赋予该词新的技术意义，使这个古老的汉字与科学的人体观察和方法联结在一起。"解剖术"重点是在"解"，解开身体的形态、解释生物结构和形态、指点探究生命的方向和方法。仅这点便可以将《全体通考》与同时代其他解剖学译作区别开来，同样是翻译"全体"学，前者除了对身体构造进行描述，还注入了科学研究的方法和观察生命的解剖学思想，后者则主要以身体结构和形态描述介绍为主。《全体通考》使用"解剖""解剖术""解剖学"和"解剖学之父"等相关术语，阐述解剖学的学术特征，如此庞大复杂的学科知识，显然不是"全体学"能一言以蔽之的，而"解开"身体而非"保全"身体的思想更是与"全体学"一词所演绎的意思完全悖离。

《全体通考》的出版，喻示着中国人的身体认知，由"全体"知识迈向了"解剖"科学。

2. 旧学新解：由"脉说"到"血液循环"——哈维《心血运动论》的最早译本

英国医生哈维将实验与定量方法应用于医学研究，对心脏和血液的性质、功能及运动规律提出一套与传统不同的理论，创新地将血液运动的根源归之于机械作用——心脏肌肉收缩，于1628年发表《关于动物心脏与血液运动的解剖研究》（简称《心血运动论》），引导医学由经验时代走向实验时代，开创了西方医学的新时代。然而，当西方医学来到中国，时间已过去200年了，作为生理学基本内容之一的血液循环论，并未获得传播者的特别青睐，哈维及其学说只是一般生理学常识，传教士和医生更注重甄别人体结构中中西知识的差异，指证中医脏腑学说的错误。倒是我们后来的研究者在《全体新论》等诸如"全体"的著作中爬梳，努力寻找维萨里和哈维的"血液循环"的踪影，并惊喜地发现这些西医"新说"在晚清已传入了中国，却不知在19世纪的传播者看来这只是旧说而非新知。

不过，德贞对待哈维和"血液循环"的态度却是另一个例外，他的处理方式是：旧学新解。

1870年，德贞在《教会新报》撰写了不足百字的小短文《论血房血管》，这是中文最早关于哈维及"血液循环"的专题介绍。3年后，已任职同文馆的德贞，花了大量的笔墨重点将哈维推荐给晚清的候补文官，1873年12月在《中西闻见录》上发表《哈斐论》（哈斐，即哈维）之后，他一篇篇地将《心血运动论》译成中文。1628年《心血运动论》在伦敦出版，全书共计17章，第1章是对传统观点和前辈工作的回顾，第 2—5 章是在活体解剖基础上对心脏结构及其功能的论述（其中第 3 章是论述与心脏血液流动相关动脉的结构与功能），第 6—8 章讲解血液运行的轨迹，提出血液循环运行的观点，第 9—16 章讲解“血液循环”的论证过程，第 17 章是观点总结。德贞将《心血运动论》分解为 5 篇文章翻译编写，观点回顾的第 1 章，收入上述《哈斐论》中。之后，德贞在《中西闻见录》上陆续刊登《论心》（1874 年 3 月），是对第 2—4 章的编译，《论运血之器》（1874 年 7 月）是对第 5 章的编译，《运血之隧道》（1874 年 5 月）是对第 6—8 章的编译，《脉论》（1874 年 10 月、11 月、12 月，1975 年 1 月四期连载）是对第 9—16 章核心内容的编译。

何以德贞会与其他传播者不同，对哈维情有独钟？这与他个人的研究旨趣与传播取向有关。德贞是那个时代罕见地将科学史放在重要位置上的医生和传播者，无论是在西医科学的译介过程中，还是在讨论中国医学时，他必将学科起源放在首位，叙述其学术渊源和发展轨迹。前述《全体通考》所附“解剖学志”就是明证。近代医学是门推陈出新、日新月异的学科，新发现和新发明不出几十年便成常识，或成为“旧学”而不为学界重视。德贞却更愿意在梳理学术脉络的同时，在“旧学”中寻求学科和科学思想进步的真谛。《哈斐论》与其说是哈维个人传记，不如说是一部近代生理学发展史讲稿，“昔有医士哈斐者，乃英国人也，生于前明万历六年。术精岐黄，初西医不明心血运行之理，惟彼发明前贤未发，至于全体之功用，昔人俱以揣摩悬想，皆无实据。逮到哈斐出，始稽真凭，有所征验，至于心血之运行，恒籍肺脏之呼吸，以及荣养一身之故”。

作者介绍在哈维之前，已有学者发现肺循环和控制血液回流的静脉瓣，“自明光宗元年（1620），哈斐曾画其血运行之圈，至九年复验稽考、确凿有据，始记录其事于小簿”。而哈维提出的观点，“多与古人大相违背”，学术界和社会各界诋毁纷起，批评讽刺之声不绝于耳，原先的朋友“皆视之为蒙腐之谈，不足以传世”。25 年后，西方各学馆才开始遵从哈维的发现。德贞总结出哈维对近代医学的三大贡献：一是推翻传统心血运行依赖肺脏呼吸的观点，提出心血运动，这一发现至今未受到科学上的质疑；二是发现事实的方法，即“始积真凭，有所征验”的反复实验方法；三是哈维的发现对西方医学进步的创造性贡献。

显然，德贞并不想作知识的简单传播，除了告诉读者哈维是谁，血液循环是什么，还想讲讲哈维是如何发现血液循环的，为什么他在科学史上有如此重要的地位，“凡含生血之气之类而其全体之功用，全赖心血运行之理，自其倡论之初，诚创始之基耳，以即于今三百余载，中后有特出之士，无能愈其规范焉”。这便是为什么在德贞的译作中无一例外地会增添《解剖学史》和《哈斐论》的缘故，将学科的源起、技术发明和方法改进、学术纷争与流派传承、宗教与文化习俗等影响医学进步的各项因素和步骤都梳理得清清楚楚，传播知识的同时展示知识何以形成的道理。

对尚且不了解西医学基本内容却又求新如渴的晚清知识界，如此精心地解释医学发明史和科学思想史等旧学，德贞的目的何在？他是想激励中国医生能像西方医学一般在变通中求发展。他以“访考医术（指中医——作者注）二十余年”的经验，指出“华邦医道，始于岐黄，其术非无可取，其法非不可遵”，但痛惜“中医固守旧者，相去不啻霄壤也”。他以为“夫古人亦人也，既有智慧创医道之粗迹，我亦人也，独无才能探医学之精微，非所以重民命而福苍生也”。他作史以论证源于周贞定烈王时期的西方医学与中国医学一样有悠久的历史，同样存在过“一成不变”的问题，他以中医常用的临症术语“滞于彼必不通于此”描述千年不变的西方医学，但后世学者和智者以为“古今时事不一宜乎，古未必合乎于今，彼此嗜好不同”，于是改变千年来的泥古思维，求变通以谋发展，此为西方医学发展之真谛。德贞相信这一道理同样适合中国医学的发展，“昔我泰西亦复如是，恒囿于前辈，范我驰驱，从有立异者，莫不群起攻之，咸以为轻易古法，离经背道，得罪于先贤，其杜撰之罪，为尤大也”。

由中医“脉论”着手讲解血液循环论，是德贞“旧学新解”的另一创新。30 余年来，德贞还“专岐黄，力学不倦，于华洋古今图书无不考索研究，探其精蕴”，比较东西方医学之精髓，寻找东西方医学汇通的可能。旧知新解的方法早在德贞撰写《洗冤新录》已开始尝试，前已有论述。

按晚清的新医学术语，西医血液运行理论称为脉学，中医亦有完整的脉学理论，这是两套完全不同的理论体系。德贞发现“哈斐论血行之理与中国数千年医家所论血脉之书丝毫不同，察中国书中，在三千年以前，即知血脉运行之说，至于精微之理，与其往还之隧道，今概茫如也”。如何让中国读者理解血液循环理论？德贞暂将西医脉学放置一边，著《脉论》先讨论既有的中医脉学理论，他采取哈维对付传统西医的方法，列举中医各家的脉学解释，揭示出其中自相矛盾的地方，借朱熹之口说出当今流行的所谓脉学原理有悖《内经》传统，因为后世医家误读了经典，他以排除法论证传统的错误，以“辩中医论脉之非”，再以十大试问举证中医脉学中的矛盾和难以理解的内容，比如：

> 试问脉居两手分寸之地，何以能诊候五脏六腑、十二经之症？试问两手寸关尺，勿论或血或气，原本一管，何以能内以候脏、外以候腑？试问浮芤滑实弦紧洪，何以定为七表脉？言凡见此七脉者，皆属外症。云芤类慈葱，乃脉象空虚之候，又云滑为脱精，空虚脱精之候，均非表症。

辨别中西脉学差别之后，德贞开始“专言脉理之正”，介绍“规矩准绳候脉之新法”，论证“血液循环”之理，强调是血而不是气在脉管中流动，其核心内容为《心血运动论》的第9—16章。如此，以两年时间，德贞逐步将哈维理论完整地介绍给中国知识界，亦是《心血运动论》最早的中译本。

1875年出版的《西医举隅》便是以此5篇文章和《洗冤新录》为主要内容，该书集中体现了德贞在西学传播中坚持的旧学新解的核心精神。

四、中国人的健康与治疗艺术

19世纪在华传教士和医生普遍会关注中国医学，目的便是指证中国医学的错误，并以拯救者的身份出现，以将中国百姓引出无知和苦难世界的名义，顺理成章地以西医取代中医。结果使中国的知识界对守护自己身体有着千年传统的医疗方法丧失信心，群起而攻之，批评的声浪较当时西方医生有过之而无不及。然而，在 1884 年伦敦举行的“国际卫生展”上，德贞告诉欧洲人，中国这个古老的东方民族在生活和保持健康、预防疾病、避免危险方面有许多课程值得我们学习。

德贞一向对中国医学文化和养生之道充满研究兴趣，他的态度是尊重科学，曾自喻“访考医术二十余年”，阅读了大量中医经典和朱子理学等经学著作，甚至读过朝鲜的《东医宝鉴》。1869 年 11 月至 1872 年，德贞在《教务杂志》连载《中国的治疗艺术》，共计 10 篇，介绍中国的医学经典和疾病观念。其间，他甚至还觅到机会进入太医院参观。或许是为了更好地讲解“血液循环论”，他细致研究中国脉学。他指出“华邦医道，始于岐黄，其术非无可取，其法非不可遵”。19 世纪“霍乱”盛行于世，德贞考证了中医文献中关于古代霍乱的论述，指出其并非现代意义的传染病霍乱，他由《内经》开始，考察华佗、孙思邈、朱丹溪和李梓的医学著作，指出“在我所查看的文献记录中，没有任何人提到霍乱的传染性。而在印度的记录中，欧洲 1817 年以来的所有报告中，传染性却是这种天灾最为突出的特点”。

1877 年德贞在北京出版英文著作《中国的疾病》，介绍中国人的就诊习惯、疾病观和治疗原则，中国的生态环境和生活习俗与健康的关联，作者以为疾病的发生发展是与种族、环境和生活方式相关的，对传染病的防预与控制，除药物手段外，食物、住宅、婚姻、风俗等都会对此有所影响，他试图寻找出发生在东西方不同的传染病以及同样的疾病产生不同结果的原因，并比较了东西方的不同情况，以告诫西方医生不可随意将西方的卫生观念运用到中国对付传染病，相反倒是可以借鉴东方的生活方式和养生手段。

1869 年起德贞担任北京地区海关医生，负责撰写当地健康卫生报告，从 1870 年到 1875 年他提供了 9 篇报告，是最早由西医和公共卫生视角记录的 19 世纪北京生态环境。德贞批驳那些在北京享受着阳光和舒适生活，却不断抱怨卫生环境差的外国人：

> 我们应该高兴能住在中国大城市的中心，而其他外国人就享受不到了。因为这里尽管温度多变、夏季如热带般炎热、冬季如北极般寒冷，但干爽的天气、少雨少雾多晴的日子居多。这样居住环境，使得我们身体健康，免受那些会夺走整座城市居民生命的瘟疫侵扰。

德贞说："很多人告诉我，他们的身体状况在欧洲一直都不曾好过，但在北京他们几乎就没生过一天病。"1874 年，德贞向一家驻北京的人寿公司介绍中国最适宜健康的城市就是北京。在对北京与健康相关的环境和物质生活调查与研究的基础上，1884 年德贞在英国出版《中国人与健康相关的饮食、服装和住宅》一书，从中国的食品原料和食物结构、服装面料与舒适度、建筑材料与结构、暖气与通风、城市照明、卫生设施与下水道、葬礼和尸体处置、学校、街道、戏院、消遣娱乐和家庭关系等多重方面，全面展示中国人日常生活的物质基础和保持健康的方法。提出西方人借鉴中国健康生活的观点，亦是从此阶段开始，德贞对中国和中国医学文化的倾向更趋明显。

19 世纪 90 年代，德贞将注意力集中在对中医文化，尤其是中医外科学的研究上，他发现晚清中国有位具备近代意识的解剖学家——王清任，1894 年他将《医林改错》译成英文登在《博医会报》上。德贞对王清任与《医林改错》的研究始于 19 世纪 80 年代，他翻译《全体通考》时主要以这本小书为中文参考书，而书中有些术语便是借鉴王清任的，同时指出王清任的错误，如“胰”，传统中医将其与脾合为一谈，没有专门的名称，当时的中文译著中将此部位称为“甜肉”，但德贞从《医林改错》中发现王清任对此器官是有标识的——总提，只是将它与脾的位置弄反了，德贞便在《全体通考》中列出正确位置，并示明该器官又名“总提”。1895 年德贞又选取《医宗金鉴》的部分章节翻译，刊登在《博医会报》上。同年他从同文馆告退，将注意力投入中国养生术和气功学的研究。他寻出 25 年前的文章《功夫》，对照原文《万寿仙术气功图谱》重新翻译，1895 年在《北京东方学会刊》以《功夫——医学养身术》为名发表，共分为两部分，第一部分是从医学角度对中国健身运动和方式的研究和介绍，第二部分译自道家《万寿仙术气功图谱》，他复制了道家的养生健身操，后更名为《中国的治疗艺术》出版，此书被认为是最早以英语介绍道家养身术的作品之一。该书 1986 年在美国再版。

1895年《北京东方学会刊》另载德贞的《中国的饮料》长文。

“中国的饮料”分为“茶”和“酒”两部分。沿袭其一贯的作风，德贞从历史和风俗角度介绍中国的饮食文化，比如茶的各种不同特性和饮用方式，茶的经销，茶的化学成分和营养价值的分析，中国历史文献中与“茶”相关的记录，中国文人对茶和品茶文化的描述、撰写的茶诗等，他由章杏云的《饮食辩》谈到陆羽的《茶经》，他还对中日两国的茶文化交流作比较研究。德贞对茶的民俗文化表示出强烈兴趣，显然，他经常去中国的茶馆店，饭店随时有茶供应，不同层次人享用不同的茶。他说中国下层百姓喝茶就像西方人喝咖啡一样，“他们通常在大街上喝着茶，就这样度过整个夏季”。此外，中国传统饮料和果汁，如酸梅汤、桂花茶、龙眼汁、橄榄汁等都在德贞的介绍范围内。从中国饮用习惯、茶文化和饮料品种等方面，介绍中国的养身之道，他发现中国人饮茶习俗是对近代卫生观念的挑战，中国人没有喝生水的习惯，从而使他们有效地避免了传染病，夏天中国人只喝凉开水和冷茶，所以不经过近代卫生概念的洗礼，中国人一样可以保持健康。

德贞从生态学和文化人类学的角度研究中国人的生活方式和医疗习俗，探究中国人的养生之道，指出中国的饮食文化和卫生习惯有优于现代医学和卫生学的地方，值得西方人借鉴，他甚至认为“因生活在纯净的空气下又享有良好的食物，北京穷人的生活和身体比伦敦同阶级的人要好”。这一见解引起当时英国医学界的关注和重视。当代学者以为，德贞欣赏的是中国人个人的健康方式，但中国真正缺乏的是公共卫生。

1884 年，德贞脱离伦敦会，以英医身份在北京生活工作。晚年专注研究中国医学文化，并深切关注中英外交关系。1901 年他在北京去世，终年 64 岁。

在华 38 年，德贞一直生活在晚清的政治和文化中心——北京，他经历并参与了晚清政府试图重建中国社会、经济基础和文化力量的洋务运动，可以说他个人的医学生涯，直接影响到晚清医学走向近代化。他的努力和无私曾赢得 19 世纪中国学者的尊重："今德君积数十年之学力，孜孜矻矻，得千古不传之秘，乃不自藏为枕中之宝，而登之梨枣，传播将来，其度量之宏，岂在良相下哉？既服其执艺之精，而尤叹其居心之厚也。"

同时，德贞还尽其所能向西方世界展示中国医学文化、养生艺术和医学伦理精神，以"旧学新解"的方式开创近代以来东西方医学跨文化传通的先例，探索既存传统医药文化和卫生习俗与新兴医学知识间的互动，发现彼此间的相似性和普适性，并寻求可能的学术会通。

英医德贞，堪称 19 世纪东西方医学文化的交流使者。

（作者：高　晞）

谭卫道

法国来华博物学家

谭卫道

（Jean Pierre Armand David，1826—1900）

谭卫道（或译作谭微道、戴维、大卫），法国动物学家、植物学家，天主教遣使会会士，第一位到我国西南青藏高原边缘山区采集的博物学者，第一个系统探索远东地区的西方植物学家。第二次鸦片战争后，他到中国传教十余年，其间到内地进行了三次考察，收集了大量的动植物标本和活体。著名的大熊猫、金丝猴、麋鹿、珙桐等物种，都是经他首次进行科学的描述和命名，而后引入欧洲，并轰动欧洲。

一、青年时期的谭卫道

1826 年 9 月 7 日，谭卫道出生于法国巴斯克地区的埃斯佩莱特的一个上层家庭。他的父亲多米尼克是一名医生、镇长兼法官。一个哥哥继承了父亲的职业，成为了一名医生和律师。另一个哥哥则去邻镇当了一名药剂师。妹妹婚后一直居住在埃斯佩莱特。舅舅阿勒苏埃是一位律师，也是谭卫道的教父。谭卫道的家庭温馨、和谐，日后他在中国旅行时，经常流露出对家的想念。

在谭卫道的成长过程中，他的父亲起了很大的作用。多米尼克先生不仅社会地位优越，而且热爱自然，还常常亲自辅导幼小的谭卫道学习，并传授大量的医学与科学知识。在父亲的教导下，谭卫道打下了扎实的自然科学功底，而且还能长途跋涉去探险。

谭卫道在中国旅行期间，数次罹患疾病和遭遇危险。正是从父亲那里学来的关于鼠疫、斑疹伤寒、天花、麻风病、狂犬病、霍乱、痢疾和疟疾等医疗知识，帮了大忙，数次拯救了性命。而舅舅阿勒苏埃是对谭卫道影响较大的另一个人，谭卫道的名“Armand”，就是他起的。谭卫道也很喜欢这个舅舅，甚至用他的名字命名一种鸟类。

幼年时，谭卫道就对自然界着了迷。其他小朋友在做游戏，而他却在追蝴蝶、挖甲壳虫，或者是爬到附近的山上，收集野花和石头。12 岁时，他被送到拉赫邵赫的小修道院学习和生活了 6 年。在校期间他学习勤奋，成绩优异，在自然科学方面也表露出天赋。业余时间则经常回家看望父母，而且喜欢到学校附近的山上观察动植物。

谭卫道最初来到修道院，是被该校的学术声望所吸引。但在他快要离开这里时，决定要做一名传教士。此时他年龄虽小，但已经喜欢上教会生活。他每天都做祷告，并将这个习惯一直坚持了下去。后来在中国时，不管是在长江中的船上还是在蒙古戈壁荒漠上的帐篷里，他都会做早晚两次祈祷，只是在仪式上会有所简化。

20 岁时，谭卫道去了巴约纳大修道院学习。1848 年，他加入天主教遣使会。1851 年，成为遣使会的正式成员。谭卫道早就希望到国外传教，恰逢意大利里维埃拉的萨沃纳学院紧缺一名自然科学老师，于是他就到那里，向高年级学生教授自然科学。谭卫道本来的目的是在这里“待上几天”，以帮助解决萨沃纳学院的一些困难。结果一待就是 10 年，甚至让他有点措手不及：“迫于需要，我的神学课程还没结束，上司就派我去意大利了。”

在意大利期间，他经常去野外考察，并把收集的动植物标本当作插图展示给学生们看。由于他自然科学知识渊博，为人果断、谦虚，甚至有点腼腆，而被认为是一个善于开导学生的良师。受他影响，他的一个学生达尔伯特，曾到美拉尼西亚去探险。另一个学生马基·多利亚则创建了一个自然博物馆。

尽管在这里过得惬意，但有一个愿望一直萦绕在他脑海里——去遥远的东方传教。早在 1852 年 11 月 2 日，刚到萨沃纳神学院不久，他就写信给他的上司道：“我一直渴望能够有机会去拯救远东的异教徒。正是这种愿望，促使我成为一名神父，并加入了遣使会。我已经 27 岁了，希望能尽快有机会去远东、蒙古等地，以了解当地的语言、文化、地理气候。”

恰逢《中法北京条约》于 1860 年签订，法国政府打算扩大其在华的影响力，推出了一系列计划，其中之一便是要求天主教会去北京创办学校，以培养本土神职人员，并成立专门针对年轻教士的小修道院。耶稣会主要负责上海，遣使会则负责北京。

1861 年，谭卫道前往巴黎进修，并成为一名正式神父。得知教会需要派传教士去中国开展工作，借此机会，他欣然接受这一任务，并开始为去中国旅行做准备。他相信，这么多年的教学工作，使得他一定能胜任这个使命。他首先拜访了穆利主教。穆利建议谭卫道去拜访儒莲——一个著名的汉学家、法兰西学院院士。儒莲告诉谭卫道关于中国的自然地理知识，给谭卫道留下了深刻的印象。儒莲还发现谭卫道知识渊博，视野开阔，觉得有必要去充分“挖掘”一下他的能力，以便为更多的法国学者服务，于是向谭卫道介绍了一些学者。这些人都是皇家科学院的院士，希望谭卫道到中国后能为他们搜集一些材料。谭卫道欣然答应。不过，他也明白，他是以一个传教士的身份去中国的，传教才是他的第一要务。

这里值得注意的是教会和法国政府之间的密切关系。在奔赴中国的传教士里，相当多都是受官方支持的，谭卫道也一样。法国政府和巴黎自然博物馆将支付他的全部费用，并且提供各种各样的服务，包括但不限于医疗、法律、交通以及其他传教士的帮助等。对于天主教会是否作为法国 19 世纪的殖民工具，一直都有一些争论。如果站在民族主义的立场，那么教会显然是西方列强对华殖民的强力武器。但若以传播福音的视角来看，许多传教士的事迹却也是可歌可泣的。但是，不管怎样，在大多数中国人眼中，传教士的的确确是法国政府的帮凶。

二、在中国的三次旅行

尽管谭卫道在奔赴中国的路上遇到了不少麻烦，但相对于前辈们已经好很多了。1862 年 7 月 5 日，谭卫道到达北京。他来到北堂（今天的北京西什库教堂），打算在教会的学校里建立一个自然博物馆。由于教会学校位于南堂（今天的北京宣武门天主堂），于是他便转去那里。

1. 清朝环境

中国有数千年的历史，融汇了众多的民族。由于历史、地理及文化的复杂背景，每个民族都有自己独特的语言。即便是同一个民族，在不同的地区也有着不同的方言——尽管这些方言所用的书面文字相同，但发音却差别很大，甚至完全无法通过语音交流。即便清政府把普通话作为官话并强力推广，但不是每个人都能听懂，特别是在南方，存在着大量的方言以及听不懂官话的人。不过，对于谭卫道将要面临的其他困难来说，这已经是最不困难的了。

而之所以有如此众多的方言，一个重要原因在于民族问题的复杂性。汉族占据主体，形成“大杂居、小聚居”的局面。各个少数民族甚至偏远的汉族几乎都有自己的政权，而且在很大程度上不受中央控制。尤其是在各民族之间或者在民族冲突严重的地区，土匪流寇横行。离北京越是遥远，土匪活动越猖獗——“山高皇帝远”。即便对于一个土生土长的中国人，长途跋涉的旅行也会是一件危险的事情。

而 1862 年的中国，刚刚经过第二次鸦片战争的炮火，腐败的清政府元气大伤，在西洋人的坚船利炮面前毫无招架之力，在平定内部动乱时也力不从心。清政府先后签订了《南京条约》《天津条约》《北京条约》等不平等条约，开放口岸，割地赔款。特别是《天津条约》，使得西方人开始有机会进入中国内部，而不再是少数沿海港口。而国内的太平天国起义、捻军起义、土匪割据等一时之间也风起云涌。清政府对传教士采取敌对态度，各地区、各民族、各社会阶层的人们也几乎是一致排外。不过，由于中国内部社会矛盾复杂，且过于分裂，无法形成一股强有力的力量去抵抗西方人的到来。

对西方人来说，中国内地刚刚向世界开放不过 20 年，大部分地区还是个未经勘探的处女地。

2. 在北京和内蒙古的发现

到北京后，谭卫道在教会学校里教授自然科学，业余时间学汉语。他也常到北京周边的草原、西边及北边山区采集物种，收集标本，为他的自然博物馆添砖加瓦。

在北京郊区的南海子皇家猎苑内，谭卫道意外地发现了一种鹿。这种鹿特供皇家打猎之用，受到严格保护。偷窃、捕杀是要判杀头的，谭卫道一度只能远远观望，连皮毛也摸不到。后来，他贿赂了一个满族士兵，便得到了一些毛皮和骨头。他发现，它的头像马，角像鹿，颈像骆驼，叫起来像驴，走起路来又像骡子。中国人俗称“四不像”，谭卫道称其为“大卫神父鹿”。1866 年，在法国驻北京公使的帮助下，谭卫道利用外交手段“忽悠”了一个清朝官员，得以将活的麋鹿运到欧洲。这就是今天的麋鹿。欧洲社会对麋鹿产生了强烈兴趣。到 1869 年，英国贝德福德郡的乌邦寺仅有两头麋鹿，这一对也当是欧洲所有麋鹿的祖先了。

谭卫道将在北京采集的物种寄回巴黎，这些在中国人眼中看似平凡的生物，在欧洲人眼里却分外醒目。巴黎的学者们也意识到了谭卫道具有的出色才能，希望他能做进一步的考察。谭卫道本人也觉得这一带的生物多样性不是很丰富，应当深入内地探索一番。于是，在动物学家、巴黎自然博物馆馆长爱德华的正式委托下，谭卫道前往内蒙古考察自然地理环境，采集物种。

不过，想到要离开北京，他仍有疑虑，因为他一直觉得教会工作才是第一位的。经过激烈的思想斗争，他克服了心理障碍：“我的上司认为，考虑到宗教的间接价值，在工作之余，用一点点业余时间去为政府机构做点物种采集之类的科学研究工作也是可以的。”只是，这可不是一点点时间，谭卫道的后半生几乎都花在这方面的研究上了。

1866 年 3 月 12 日，谭卫道到内蒙古“几”字形黄河区域考察。这一路途经张家口、萨拉旗、渭水、乌拉山、呼和浩特、包头等地。其间，他得到了一个蒙古喇嘛的帮助。这个喇嘛一路上给谭卫道做向导。他原是佛教徒，后受洗入了天主教。后来谭卫道每谈到这一点，都显得很兴奋。

谭卫道对这一地区的土壤、动物、植被、宗教信仰以及生活习惯等进行了详细考察。令别人羡慕的是，他总是能够在毫无参考书的情况下，创造性地用各种名字为野生物种命名。他还打算去甘肃、青海探索，他认为，相对于贫瘠的蒙古高原，那里的物种可能会更丰富。不过，由于那里发生的叛乱，阻碍了他的进一步前进。

这次行程共收集了约 176 只家禽、59 只哺乳动物、1500 个植物标本和 680 个昆虫标本。这里没有高山，没有森林，之前在北京时他对这一地区的美好想象破碎了。

3. 探索中部与藏东地区

1867 年，谭卫道调养身体，把精力放在了北京的自然博物馆方面，但他一直期待能够再次去内地考察。于是在 1868—1870 年间，他以四川雅安为核心，考察物种丰富的中部、西南和藏东（现在四川）地区。雅安拥有非常丰富的生物资源，具有温带植物多样性之美，后来被列为国际生物多样性保育组织的重点地区。

1868 年 5 月 26 日，谭卫道从北京出发。抵达天津后，会见了驻天津的欧州公使。谭卫道说："当一个人离开家乡时，不管他来自哪个国家，他们都互相视为同胞，视为欧洲同胞。"后途经烟台，抵达上海黄浦。上海之大，令他震惊。6 月 24 日，谭卫道来到江西九江，遇到河水泛滥，难以航行，他便用 4 个月来探索这一地区。在这一地区，他共向巴黎自然博物馆寄送了 10 种哺乳动物、30 种鸟类、27 种鱼和爬行动物、634 种昆虫、194 种植物。

9 月，谭卫道因故回了天津一趟。10 月，再次回到九江，有 6 名传教士加入了他的队伍，沿长江而行，打算前往四川。这些人逆水行舟，水流急速，几次都差点撞礁。此外，有些当地人把他当作洋间谍，诅咒他，甚至在他的茶里面投毒。最终，谭卫道于 12 月 17 日抵达重庆。当时中国大部分人对传教士都抱有敌意，重庆的主教便要求谭卫道出门必须坐轿。1869 年 2 月 28 日，他抵达四川雅安地区的宝兴县（当时叫做 Moupin，距成都约 250 公里）。

在宝兴，谭卫道雇佣别人替他寻找植物，并花重金让猎人绘制动物出没地图。于是，他在这里"发现"了许多著名的物种，有大熊猫、仰鼻金丝猴、珙桐等。

其中关于大熊猫的发现有这样一个趣闻。1869 年 3 月 23 日，有猎人给谭卫道带来了一只小白熊，并以高昂的价格把这个熊卖给了他。熊本来是活的，但为了携带方便就打死了它。它全身是白色的，除了深黑色的四肢、耳朵和眼睛。谭卫道相信这一定是一个新种。数天后，他再次见到一只成年白熊，发现这种动物的体色不随着年龄的变化而变化，而且生活在海拔 3000 米、人烟稀少的地方。

他还发现，这种熊夜间较为活跃，喜欢吃竹子和动物，而且在很久之前，这种熊曾经在喜马拉雅山地带大量繁殖，后来灭绝了。中国人称它为“山的孩子”，因为它叫声像小孩子。

谭卫道将大熊猫的标本寄往欧洲。于是，大熊猫这个神奇的新物种就这样被西方人“发现”了。宝兴为纪念谭卫道让世界知道了大熊猫，给他立了雕像，并且在沿河的栏杆两旁都雕刻了许多的动植物物种，这些雕刻所在地就是谭卫道发现这些物种的地方。

谭卫道还在这里发现了一种著名的猴子。1869 年 5 月 4 日，谭卫道的猎手们捕到 6 只长尾巴猴，谭卫道看到猴身上金灿灿的皮毛，仰天的、没有鼻梁的鼻孔，遂取名“仰鼻金丝猴”。他在绘画、瓷器中经常见到这种猴子，既美丽又奇特，之前认为它只活在传说中。谭卫道认为，金丝猴和大熊猫一样，都是中国特有的物种，而且它们都拥有高贵优雅的气质，便赞美它们是“中国艺术中的神，是令人推崇的理想的产物”。

在植物界有“活化石”之称的珙桐，也是由谭卫道在宝兴发现的。他在宝兴的山上发现，这种树的花小而色淡，花朵被包裹在两个大大的、白绿色的苞叶里面，苞叶又相互折叠在一起。远远望去，如同一棵树上挂满了数以百计的迎风飞舞的手帕，又犹如群鸽栖息，故被中国人称为“鸽子树”。在以后的一个多世纪里，全世界广泛引种，大量栽植，成为世界十大观赏植物之一。现北京的清华大学也已经成功引植。

除动植物外，喜欢鸟类的谭卫道还在宝兴发现了一些漂亮的鸟类。有一种白天鹅以谭卫道的名字命名：Cygnus Davidi。它的嘴呈红色，腿和脚为橙红色。一种猫头鹰 Strix Davidi，也是以他的名字命名。

统计下来，这次谭卫道共获得了 676 种植物、441 种鸟类和 145 种哺乳动物标本。在哺乳动物、鸟类、昆虫和植物等方面都取得了质和量的突出成就。

11 月，谭卫道发现了中国娃娃鱼。它体型巨大，体长达 1.8 米，能活 50 年，是两栖动物，令他惊奇。他还猜测，中国人把娃娃鱼用来入药，但很少食用，可能是因为这种鱼又白又臭。

1869 年 11 月 22 日，谭卫道结束了这次旅行，离开宝兴，计划返回北京。途经烟台时，听说天津发生了暴动——许多传教士被杀，房屋被烧，而且这些人都是谭卫道的朋友。他感到震惊，难以理解这些屠杀，也不明白一向勤劳朴实的中国人为何会做出这些“残暴”的行为。他在健康方面也出现了问题，于是他想尽快回国休养。后来谭卫道回到巴黎，数次向总统梯也尔提议，法国政府应当加强对传教士的保护。

当谭卫道抵达马赛时，正爆发普法战争。道路封锁，他便前往当年在意大利工作过的萨沃纳学院，尤其要看一看他当年储藏标本用的沃德箱，看将来在北京能否用得上。虽然战争令他伤心，但他在学院里见到了一些意气相投的学者，这倒使他感到欣慰。这些学者都有收藏标本的习惯。在学院的博物馆里，谭卫道阅读了最新的杂志，获悉了生物学前沿动向，尤其关注了达尔文的进化论。

战争结束后，谭卫道回到巴黎，第一件事就是参观自然博物馆。1871 年春天，植物园的教授埃米尔·布兰查德为谭卫道的旅行见闻写了一篇文章，发表在《两个世界》杂志上。同年夏天，谭卫道把部分藏品拿到博物馆展览，得到很高的评价。第二年，他当选为法兰西科学院的院士。

1872 年 3 月，谭卫道返回上海。令他惊讶的是，他在中国竟然也很有知名度了。他写信给他的舅舅说："自从我回到上海，这里的报纸都在谈论我，我都成了名人了。这让我感到有点烦。尽管这样，我也不能阻止他们。也许这事也有好的一面，只是我不喜欢这样罢了。"

4. 考察秦岭、江西与福建

谭卫道从法国回到上海后，对宁波、绍兴等地做了短暂的考察，然后经江西返回北京。在北京，他发现自然博物馆的一些藏品不见了，而且此时的新主教对博物学几乎是一窍不通，对谭卫道的经济支持也没那么大方了。

1872 年 10 月，谭卫道从北京启程，正式开启了在中国内地的第三次考察。这次出发他带了两个小基督徒做助手，这两个小家伙的任务是打猎。他们经过保定到达山西，沿黄河南下，抵达西安，考察秦岭。秦岭是温带气候与亚热带气候的分界线，是一个天然屏障，这一带的野生动植物物种相当丰富。1873 年 1 月，谭卫道来到了太白山。这是秦岭的顶峰，海拔约 3700 米。他在这一带停留了 4 个月，收集了大量的动物和植物标本，并且分析了当地的地质结构、鸟类迁徙、种群分布等。

他本想去甘肃看看，但发现那里一直处在动乱中，于是便沿汉水南下。但是，他做出了一个不幸的决定——带着他那数箱珍贵标本，乘船去汉口。结果，船超载，又遇急流，就撞上了礁。谭卫道奋不顾身，跳入江中，拼死挽救，可惜还是损失巨大。后来据统计，谭卫道的植物标本中，有一半毁于各种灾难。借助于一艘装载木头的船，谭卫道得以脱身，到达汉口。然后他顺江而下，再次抵达九江。

5 月，他沿陆路南下，经过南昌，达到抚州。由于天气炎热，健康状况开始恶化。他和他的助手都感染了痢疾，并发烧。他只好躺在床上度过了夏天。在这段时间，他对之前采集的标本进行了整理分类。

9 月，体力有所恢复，便去了武夷山，收获了不少新物种。11 月，病情加重，用他自己的话说就是，全身剩下的力气只够用来做一次礼拜了。经过一段时间调养，身体刚有了稍许恢复，紧接着又感染了肺炎，发了高烧，全身止不住地打战。他的助手也病倒了，他觉得是时候回法国了，就把标本塞进了 4 个竹制大箱子。不过，此时谭卫道对中国还有很多留恋，说道："我已经习惯了这一切。要我离开这个地方、这份工作，离开这些朋友们去开始新的生活，倒真舍不得。"对这次旅行的成果感到很失望，则是他还不想离开中国的另一个原因。而且之前他还打算在中国旅行结束后去日本、菲律宾、美洲考察。不过，他也意识到，继续留在中国对他的健康没什么好处，他已不再适应这里的气候。1874 年 4 月，他从上海乘船回到了法国。

总计下来，这次旅行的收获有 2 个大箱子，3 个小盒子，以及 9 个不同大小的袋子。单哺乳动物，就有约 35—40 个物种，其中有相当多新物种。在鸟类、爬行动物和昆虫方面，也有一定的收获。

三、谭卫道晚年的工作

谭卫道回法国时，带回了大量的动植物标本与活体。经巴黎自然博物馆清点，总计 2919 种植物，9569 种昆虫、蜘蛛与甲壳类动物，1332 种鸟类，以及 595 种哺乳动物。尽管有许多物种毁在半路上，但这个量在当时来看，也是最多的之一，而且这些物种大都质量很高，具有重要的价值。这些物种遍布北京、内蒙古、秦岭、藏东地区，其中有相当多的新种。不过，他认为，尽管从中国带来了数以千计的在欧洲没有分布的物种，但这些还只是一小部分，在中国还有更多的物种尚未被发现。从此以后，他在对标本的分类、描述、展览和出版方面花费大量时间，部分珍品还赠给了天主教神学院。

巴黎自然博物馆的植物学家法兰歇对他的植物标本进行了整理。1884 年，巴黎马森出版社将研究成果出版成书《大卫植物志》，谭卫道为书作序。在这本书中，有两张彩页硬纸插图，上面画的是谭卫道带回欧洲的代表植物珙桐。

在法兰歇鉴定完毕后，谭卫道开始同法国博物学家德拉维、法赫吉、苏利耶等人合作。他发现，有些种类，如杜鹃花、菊花、百合、梨、藤、报春花、悬钩子、金银花、葡萄等，都起源于中国西部山地，而之前这些植物被认为原产于其他地方。

巴黎自然博物馆的爱德华及其儿子阿尔方斯，都对谭卫道的工作表示鼓励，并同他合作。他们开展了一项复杂的研究，将成果出版成《哺乳动物的自然史应用研究——对动物分类的相关评论》一书，由马森出版社于 1868—1874 年间出版。这本书第一卷通篇都是在谈论哺乳动物，而且其中多数都是新种，是由谭卫道最早发现并带回巴黎的。

在鸟类方面，谭卫道也做了大量研究。一方面，他与博物馆的科学家乌斯塔莱合作研究，将自己所收集的鸟类标本整理分类。1877 年，研究成果经马森出版社出版成书，书名为《中国鸟类》，两卷本，124 张插图。这本书记载了谭卫道目睹的 772 种鸟类，其中的 58 种在当时是新种。在这 700 多种鸟类中，有 470 种鸟类的标本收藏在巴黎自然博物馆。另一方面，基于自己的研究，同时参考郇和对海南岛、台湾和中国东部的鸟类观察，以及俄国探险家普热瓦利斯基对中国西部的考察，谭卫道估算出中国共约有 807 种鸟类，其中甘肃、青海、宝兴等地的鸟类就占据了整个中国的四分之一。当然，他也认为，如果到中国西南地区作进一步的探索，这个数字还会大大增加。他还指出，在欧洲和中国都能发现的鸟类有 185 种，但是某些家禽和食虫鸟类在这两个地方不太一样。从美洲移民到中国的一些种类，在西欧也已有发现。在中国的候鸟中，有相当数量来自大洋洲、马来西亚以及印度。

此外，谭卫道还研究了许多爬行动物、软体动物、鱼类以及昆虫。他大约为 100 种昆虫起了名字，有些用他自己的名字，有些用学生的名字。

除科学研究外，谭卫道还呕心沥血地去培养年轻的传教士。他同世界各地的学者交流，其学识和品行令这些人感到佩服。许多人都希望能见到谭卫道，甚至当时的俄国王子都成了他的熟客。谭卫道送了这个王子一个漂亮的西藏花蝴蝶，作为回报，王子给了谭卫道一个大大的十字形珐琅。谭卫道后来把这个珐琅送给了埃斯佩莱特的教堂——当年他就在这个小教堂里受洗，并享受了第一次圣餐。

由于他在博物学方面所作的贡献，谭卫道获得了许多奖励。法兰西地理学会、学者联盟等学会联合起来授给了谭卫道一枚金质奖牌。法国政府几次要授予他荣誉军团十字勋章，但都被他回绝。有趣的是，官方后来在没有过问谭卫道的情况下，将这枚奖章强行授予了他。而且据说，由于谭卫道太有名了，以至于有人寄信给他的时候，收信人地址这一栏上竟然只写“巴黎，谭卫道”。

一个英俊潇洒的老者，迈着紧凑的步伐，长长的白发，脸嵌在其中，高高的额头下面嵌着一双深邃的眼睛，目光谦和，举止优雅，脸上永远都是微笑。他还善于讲故事，每每讲到他在旅行中见到的那些鸟儿的时候，就神采飞扬——这就是谭卫道在他的学生心中的印象，并使他赢得了每一位朋友的尊重。他最后一次回到埃斯佩莱特的时候，还做了一件令人印象深刻的事情：他训练了一只大蜘蛛，大得像拳头那样。他轻轻拍一下这只蜘蛛，它便撒腿，在房间里作自由奔跑状。然后他呼唤它，它就乖乖回到他身边。朋友们看到这一幕，都叹为观止。

在谭卫道人生的最后26年里，他都住在母亲的房子里，仅有几次外出旅行。1881年，他去了一趟突尼斯。两年后，又到了君士坦丁堡。1900年，他在巴黎去世，享年74岁。

在谭卫道刚回国时，巴黎自然博物馆的后花园里就已经多了80多种新植物，它们大多是由谭卫道在中国采集并寄回法国的，也有一些植物种子、根、茎，由其他人所得。植物园的期刊几乎天天都在报道这些来自异国他乡的新植物。不过，能远赴重洋在海外扎根的这些中国植物，毕竟是少数。谭卫道在中国采集的那些标本和活体，有一多半都毁在路途中了。有一些虽然没死在路上，但却死在了巴黎的花园里。还有一些虽然勉强活了下来，却无法适应新家，因无法繁殖而绝育。不过，这一切使人们更加相信，中国一定还有更多的尚未发现的新物种。

很快，在谭卫道之后，其他法国传教士继续了他未完成的工作。德拉维到云南北部探索，发现了 5300 个物种，其中有 1800 个新种。法赫吉从四川东部带回了 2000 个植物标本，其中大部分为苏利耶在康定周边所得。同时，美国也向中国派遣了大量的植物猎人。这些人是洛克、福雷斯特、威尔逊等。他们造访了中华大地，采集了大量的植物标本、活体。而且此时移植植物的技术已大为改进，所以他们能够将大量的种子、茎、根运出中国。

四、谭卫道的博物学思想

谭卫道不仅在博物学实作方面作出了重要贡献，在环境保护、生态伦理、科学与宗教、博物学意义以及中华文明等方面也有自己的思想。

1. 对达尔文进化论的评价

1870 年，谭卫道在欧洲发现，达尔文的进化思想已经开始引起一些人的关注。他发现达尔文主义有个优点——它在进化论和宗教中建立了一种桥梁。但是谭卫道否定物种变化，认为物种中存在着简单多样性。他怀疑道:“不同的生物分布在不同地区,但这些生物之间都多多少少有些联系,或者多少有点类似。生物的这种地区分布特征对于维持自然的秩序和结构,起到了重要的作用。遗憾的是,目前还没有理论能够解释这一点。”他又进一步阐释道:“可不可以这样认为呢?上帝创造一切生物。经过了缓慢的变化,它们逐渐分化为不同的属、种。在它们起源的地方,它们繁衍出多种多样的后代。”他观察了一个动物吞掉另一个动物的过程,感慨道:“为什么上帝创造的生命总要死于暴力呢!而赎罪又来得这么慢。”

2. 对科学与信仰的思考

谭卫道具有虔诚的宗教信仰,并且这种信仰深深地影响了谭卫道的一生、做的每一件事、写的每一部著作。他早年在意大利教学时,就经常将学生们的注意力引导到上帝那里,以揭示造物主的神奇、上帝的恩泽如何遍及全世界。他说:“绝大多数人,甚至是那些受过教育的人,仅仅满足于自己青少年时代所学的肤浅科学知识。许多人在不知道自己很无知的情况下,度过了一生。”

在谭卫道看来,学习科学知识这个行为本身就是爱上帝的表现。科学就是要致力于研究上帝的创作品;科学工作是值得尊敬的,其目的也是神圣的。科学工作将有助于揭开上帝铺在事物外表的面纱,而隐藏在面纱后面的就是真理,而追求真理就是热爱上帝。科学家的工作也将能够扩展整个人类的精神文明。

纵观谭卫道的一生,始终把科学研究和传教工作融为一体。他的第三本日记,几乎就是一部自然科学专著。他解释道:

若我的读者们没学过自然史，他们会发现，我几乎不谈论人类、文化、服装、房屋、艺术、工业、商业、农业等。我将注意力放在了那些看似最平常的动植物方面，而且更关注大自然，关注山川的形状高度、岩石性质、土壤组成等等。原因如下：

(1) 大自然由许许多多的事件构成。只要这个事件是真实的，不论它是多么的小，对帮助我们去理解当前的这个世界都是有益的。

(2) 我们所看到的那些已经写的或将要写的著作，不需要特别专业的知识就能写出来，而且其重要性对于科学而言也是第二位的。

(3) 最重要的一点：生命以不同形式表现出来，这对于理解自然界的历史是非常有用和重要的。

(4) 地表的陆地和海洋中分布着大量的动植物，研究这些生物的地理分布，有利于理解地质变迁史。

(5) 研究动物地理学分布可知，英国和法国之前是连接在一起的，直到不久前才分开。而仅考察蜘蛛的分布规律就能发现，在远古时期，意大利和非洲大陆连在一起。以华莱士为例，指出通过研究哺乳动物、鸟类和昆虫的分布，可以得知马来西亚的三大岛屿曾经是亚欧大陆的一部分。而苏拉威西岛，尽管现在远离加里曼丹岛，在过去却是连在一起的。

(6) 研究植物的地理分布可发现，亚速尔群岛、葡萄牙及英国，在以前也是连在一起的。

(7) 自然界的每一个物种与地球的历史具有怎样的关系？这尤其值得研究，因为这可能会解决许多重要的问题。因此，那些看似毫不起眼的小生命，那些最微不足道的细节，都是不可或缺的。一个句点、逗号、小线段，它们自身看起来无足轻重，但是在与整体相联系的时候，它们就意义重大了，甚至能从根本上改变自身的重要性。

这些还只是部分原因。实际的原因比这还会多。

为获取物种标本去残害生命，谭卫道为此感到遗憾。对过去数个世纪中的由人类造成的大规模的动植物灭绝，他也感到痛心。他祷告道：

上帝创造万物，万物与人类共生。而人类迄今为止，尚不能及时有效地建立起一整套环境保护机制，以拯救大量的濒危物种。这真是令人伤心！上帝创造这些物种，不仅仅是为了让地球看起来更好看，而是要维护自然界的生态平衡。对于大自然，每个物种都是有用的，是不可或缺的。可是，自私和物欲撞瞎了我们的双眼，我们对这个美丽的星球毫不关心。马路的一边是马和猪，另一边是小麦和土豆，这些经济作物将取代数十万的天然物种。而这些天然物种是造物主赋予我们的，是要与我们一起生活的。它们有自己的生存权，而我们竟然为了一己私利，要残暴地将它们灭绝。

作为首批来到中国腹地探索考察的西方人，谭卫道克服困难，满怀热情地投入到对大自然的探索中，正是他那虔诚的宗教信仰为他提供了源源动力。他深信造物主创造出其他物种不是用来喂养人类的，其他物种也有自己的生存权，人类既有义务去熟悉身边的物种，也有责任保护生态平衡。

3. 对中华文明的态度

在谭卫道刚到中国的时候，他严厉地批评了中国人的不良作风。像吸大烟、溺婴、亵渎妇女、官员腐败、僧人迷信堕落，以及当时四处流窜、横行乡里的土匪强盗，都令谭卫道感到痛心。即便是在注意到那些对西方文明也产生过积极影响的建筑、雕刻、绘画、诗歌，以及儒、道、佛之后，他也没有改变这种态度。

不过，随着对中国的认识的加深，谭卫道对华态度也逐渐改变，他开始同情中国人。在他的第三次旅行日记里，可发现许多对中国人和中华文化的赞美之词：

> 中国人比我们更有耐心，他们看起来总是泰然自若。我甚至有时候很羡慕那两个北京小伙子（指谭卫道的仆人）。他们和他们的同胞一样，是如此的平静、安详，从没发过牢骚，甚至连一个不满的手势也没打过。是他们天性如此，还是后天的教化？抑或是东方宿命论世世代代熏陶的结果，而他们并没有意识到这一点？他们像哲学家一样，

> 安静地吃饭，安静地休息，安静地享受这一切，谁也不打扰谁。

接着，他又说：

> 中华文明令人羡慕。除了偶尔的土匪流寇外，这片大地宁静，祥和，深沉。人们勤劳，朴素，文雅。这里人人守礼。

而且，尤其值得注意的是，谭卫道强烈反对西方世界对中国的同化。他意识到，中国既不希望也不需要被西方人同化。中国拥有自己的元素，这是她自己的财富；她已经稳定地度过了四五千年，没有发生任何大的改变。

至于向中国传教工作方面，在他写给舅舅的一封信中，可以看出他对天主教在中国传播状况的看法："总而言之，不要指望中国会成为一个天主教国家。因为照目前的速度来看，得花上四五万年的时间，才能把全部中国人改造成基督徒。"

五、结语

通过考察谭卫道的博物学实践活动，可以得到以下几点思考：

首先，谭卫道等来华传教士，大多都是科学上的博学之士。尽管来华动机复杂，但客观上传入了西方的科学技术，同时将中国的科学与文明引入西方，在促进中西文化交流方面起了不可磨灭的贡献。而且，法国传教士来华正值中国封建社会没落时期，他们在华活动的同时，也将西方的价值观、伦理以及生活方式等带入中国，客观上对中国封建社会的解体、中国近代化进程起到了一定的影响。

其次，谭卫道在中国考察发现了一系列“新种”。这里的“新种”，当然是针对欧洲社会而言，这些物种在本土社会早已被人所了解，只是欧洲人尚未发现而已。从这个角度看，博物学具有很强的地方性特色，地方博物学是博物学研究的重要内容。现在的博物学研究，都讲究要尊重地方性文化和知识，这也是同实验类科学很大的不同之处。与此同时，地方性知识不仅仅是博物学的重要研究内容，博物学实践本身也要求人们依赖于地方性知识、尊重地方性文化。谭卫道在中国内地考察，尽管他为人谦虚温和，但几乎每到一地都受到了当地人不同程度的阻挠、诅咒、投毒及偷骗打劫，这一方面是由于当时中国的国民比较排外，另一方面则是谭卫道等采集者自身的问题了。谭卫道等来华采集的传教士，手持枪械，每到一处，为取得标本，必然要对当地的物种植被进行某种程度的破坏，尽管他本意可能是好的。而且他们所采集的大量标本，要么运往国外，要么就在半路上毁掉了。这在中国人眼中，就如同一个陌生人闯进家门搜刮一番，而后掉头而去，却不负任何责任。所以，这种采集方式，必然也会受到一些当地群众的反感和抵制。

再次，从事博物学工作需要自然科学背景，但不一定要科班出身。谭卫道多学科功底为他日后在中国采集起到了重要的作用。现在，从事博物学研究的人大都来自不同的学科背景，这对于学科发展其实是好事。另外需要说明的是，博物学来源于生活世界，博物学先天性地就注定了是同生活世界分不开的。因此博物学研究者必须拥有“博物情怀”。用刘华杰教授的说法是，没有一阶的热情，二阶的研究工作很难坚持下来。即便是从事同博物学毫不相关的工作的学者，也应该多多感受自然，回归自然母体的怀抱，而不应该一味沉迷在纸堆里。同时，提倡博物学实践，培养博物学爱好，对于净化学者的浮躁戾气，是很有效果的。

最后，中国具有丰富的生物多样性及博物传统，这正为本土博物学者提供了得天独厚的研究条件，譬如老子的“人法地，地法天，天法道，道法自然”（《道德经》第二十五章），孔子的“多识于鸟兽草木之名”（《论语·阳货》），孟子的“数罟不入洿池”“斧斤以时入山林”（《孟子·梁惠王上》），庄子的“天地与我并生，而万物与我为一”（《庄子·齐物论》）等。而“天人合一”，更是被儒释道三家所推崇。可见，中国古代的博物思想是一个巨大的研究宝库。另外，如从思想史的角度将李时珍、徐霞客等人同西方博物学家进行对比研究，相信将有重要的收获。同时，发扬博物学研究，吸纳西方环境伦理思想，对于传承“天人合一”的传统文化，也将会极有价值。

（作者：朱昱海）

赖朴吾

赤诚中国心

赖朴吾

（Ernest Lapwood，1909—1984）

赖朴吾[1]，国际著名地球物理学家。一生经历丰富，在国际地球物理研究领域有很高的声誉，同时与中国结有深厚的渊源。

他在中国生活工作近20年，在燕京大学任教十余年，视燕大如己家。他曾与挚友——燕大美籍教授、心理学家夏仁德共事多年，被燕大校友认为是燕京大学最忠诚的外籍教授。他曾协助老友路易·艾黎组织“工合”。但是相对于夏仁德、路易·艾黎等国际友人，人们对他了解不多。笔者在国内外文献档案基础上，勾勒还原出赖朴吾的生平，对其学术成就、与中国的友谊，包括各个历史时期在燕京大学的工作，以及推进中英友谊等几方面进行了详细梳理，展现了赖朴吾对中国人民的深厚感情，以及他善良、谦卑、勤恳、默默无闻献身中国教育事业的高贵品质和崇高的国际主义精神。

一、来自剑桥的热忱信徒

赖朴吾1909年9月23日出生于英国伯明翰，获奖学金进入伯明翰爱德华第六学校。1928年进入剑桥大学圣约翰学院主修数学。1931年在剑桥大学数学荣誉学位考试更高级的第二部分考试

1 其中文名字曾用名赖璞吾、赖普吾、赖朴吾，1981年赖给雷洁琼的信上用了“赖朴吾”，本文中采用此名。

中获得特殊的荣誉，从而获得剑桥大学学士学位。1932 年他获得剑桥大学地理学荣誉学位考试中唯一的一等奖。

在剑桥大学，赖朴吾的老师包括杰弗里斯[1]和坎宁安，前者后来成为他在地球物理研究中重要的合作伙伴，而后者对他的宗教、政治观点影响很大。坎宁安是英国数学家，在狭义相对论提出初期，他是英国学界接受相对论的领军人物。1907 年在读了爱因斯坦的《论动体的电动力学》一文后，坎宁安开始研究狭义相对论，从数学技巧上接受并赞赏爱因斯坦的方法。1914 年坎宁安写成《相对论原理》一书，这是英国第一本狭义相对论教程，对狭义相对论在剑桥的传入有相当大的影响。狄拉克当初就是从这本书中学习了相对论，而且拜读了这本书后到剑桥想投在坎宁安的门下学习相对论，但那年坎宁安不招研究生，于是狄拉克成为福勒的学生。坎宁安 1899 年进入剑桥大学圣约翰学院，在 1902 年剑桥大学数学学位考试中获得第一名，1904 年获得史密斯奖，同年到利物浦大学教授数学，1911 年返回剑桥直至 1976 年。受家庭及第一次世界大战的影响，坎宁安是一名强烈的和平主义者，这与他拥有坚定的宗教信仰相关，他是剑桥基督（公理）教会的会员，1953—1954 年他曾担任英格兰与威尔士公理教会的主席，他一生的大部分精力都奉献给了宗教事业。他热爱教学，对人耐心而真

1　哈罗德 · 杰弗里斯爵士，英国数学家、统计学家、地球物理学家和天文学家，英国皇家学会院士。他的著作《概率论》，首次出版于 1939 年，在复兴贝叶斯概率上起到了重要作用。

诚，在剑桥教出众多杰出的学生。赖朴吾在剑桥圣约翰学院学习4年，十分尊敬与爱戴坎宁安，坎宁安与人为善的品质以及宗教信仰都深深影响了他，赖朴吾也加入了公理教，成为公理教的积极、忠实的教友，这正是赖朴吾来中国的重要动因。

1932年8月，刚刚大学毕业、怀抱社会理想与宗教热忱的赖朴吾作为一名英国伦敦会的教士直接从剑桥大学奔赴中国，他的事业由此在中国开始。不懂汉语的他先在苏州学习了一年汉语，很快他就学会讲汉语，而且还能读写。随后他在上海一所英国基督教会学校麦伦中学（今继光中学）任教，这个中学的校长沈体兰[1]积极聘请进步文化人士任教，邀请海内外学者名人讲演，还创办民众学校、补习学校和义务学校。沈体兰给他起了“赖璞吾”的中文名字，意即未雕琢的玉石。他又曾用“普吾”，以普普通通自喻，但他更喜欢“朴吾”两字，意为朴实、朴素。在麦伦中学，赖朴吾教授数学，教学效果很好，有不少学生从此热爱数学。除了教授数学外，他还为学生组织多种课外活动，包括旅行和野营等，丰富了学生的学习生活。麦伦中学周围有一些工厂，工人们简陋的工作环境和居住条件给了他极其深刻的印象。他鼓励有能力的学生为这些

1 沈体兰，早年毕业于东吴大学，入英国牛津大学获文学硕士学位。是位虔诚的基督教徒，长期致力于教育事业和基督教传播。1920年，担任上海麦伦中学（今继光中学）校长。解放战争期间，任圣约翰大学教授，和张志让等组织上海各大学民主教授联谊会，开展争取民主、反对内战的斗争。解放初，沈体兰在北平和廖承志代表全国青年代表大会，欢迎毛泽东、朱德进入北平。上海解放后，他回到上海，先后担任上海市体委主任、政协上海市委员会副主席、中国民主同盟上海市常委等职。

工人建立夜校和开展社会活动，无论是学生还是工人都从中获益并得到教育。

此外，在上海期间他结识了在上海工部局消防处供职的新西兰人路易·艾黎。艾黎当时负责火灾的巡查工作，有时艾黎带赖朴吾一起去工厂巡视。艾黎对工人的生活十分了解，在艾黎的引导下，赖朴吾从一个只了解书本知识的学者，成为一个深入工人、同情工人的人。二人一同为工人开办夜校。在艾黎的邀请下，每逢寒暑假，赖朴吾随艾黎等人去南京附近的山区旅行并绘制地形图，看到山区恶劣的医疗条件后，他们为山区的村民开办了诊所。在这段时间里，赖朴吾见识到了中国穷苦人的生活和巨大的贫富差距，深感痛心。这是纵贯其一生要关心普通大众、关心国际合作，以及热爱和平的思想形成具有象征意义的开始。

二、结缘燕大：循循善诱的良师益友

上海任教期间赖朴吾了解到有许多外籍教授在北平的燕京大学任教，这些外籍教授对中国的传统文化和当时中国的社会和政治运动大加赞赏，这增强了他对燕京大学的好感。1936 年春，经燕京大学数学系主任介绍，赖朴吾到燕大数学系与徐献瑜[1]见面，两人用上

1 徐献瑜，浙江吴兴（今湖州）人，我国计算数学的开拓者和奠基人。1928 年被保送苏州东吴大学，同级校友有费孝通等。1931 年九一八事变后，与杨绛等 5 人结伴到北平燕京大学寄读，1934 年获燕京大学物理学硕士学位。1938 年获美国圣路易华盛顿大学博士学位。1939 年回国任教于燕京大学，被聘为数学系代主任，为燕京大学最后一任数学系主任。培养了王选、杨芙清等一批数学家。

海话开始了第一次交谈。赖朴吾向徐献瑜仔细询问了燕京大学和清华大学数学系的情况，同时也向徐献瑜介绍了剑桥大学数学课程设置、教学方法。赖朴吾认为要发展燕京大学数学系，必须加强数学分析和数学应用。当时徐献瑜正准备赴美留学跟随赛戈教授学习分析数学，听到这个消息赖朴吾十分高兴。关于他自己，赖朴吾希望在数学应用方面能够有所建树。赖朴吾的谦逊热情、见多识广给徐献瑜留下了深刻印象。或许因为这次两个年轻人相互鼓舞的谈话让赖朴吾决定选择燕京大学。随后，赖朴吾赴北平燕京大学数学系任教，成为燕大一位忠诚的外籍教授，从此他一生的命运与燕大交织在一起：1936—1939 年任教燕京大学数学系；1939 年协助艾黎“工合”工作；1942 年，燕京大学在成都复校，他任成都燕大的理学院代理院长兼数学系主任，直至 1945 年燕大在北京复校。复校后，他觉得自己有必要扩展教学与研究水平，于是 1945 年回英国进修博士学位，1948 年在没有完成博士论文的情况下，单身回到燕京大学，除教授数学外还兼任学生生活辅导委员会主席。1952 年院系调整，赖朴吾返回剑桥大学，直到 1974 年退休。退休后他四次访华，每次都在北京大学讲学，会见校友。1984 年最后一次访华中，因病逝于北京，遵照他的遗嘱，他的骨灰被安放在北京大学的未名湖畔。现在北京大学临湖轩东北角未名湖边的天然青石上，还漆着赖朴吾与夏仁德的名字以示纪念。

1. 教学授课

战前，赖朴吾在燕京大学数学系为数学、物理、化学系一、二年级学生讲授初级微积分、中级微积分等课程。曾听过他课的学生包括数学系王坚毅、关肇直、姚志坚、李欧（1938级），物理系王知人、黄昆、孙念台（1937级）等学生。在成都燕大，赖朴吾为学生讲授数理统计、微分方程、微积分等课程。1948年，他回到燕京大学，讲授理论力学等课程。

赖朴吾授课条理清晰，层次分明，逻辑严谨，深入浅出，引人入胜；对待学生严肃认真，一丝不苟，循循善诱，注重培养独立思考能力；他要求独立完成作业，不允许抄袭，严格坚持这些朴素的学习作风。很多学生曾撰文回忆赖朴吾的授课，以下列举几例：

> 他讲课精炼，说理性强并能联系实际。课堂上经常举行Quiz（小测验）。上课后，发给每人一张白纸，在黑板上出几道测试题，让学生在10分钟后交卷。然后打分发给学生。这种做法很好。

> 赖老师的学术造诣深，教学水平高，至今是我学习的楷模。由于他循循善诱，讲课精炼而不枯燥，灵活而不失严谨，一节课很快就过去了。但经过他的引导，所获得的知识和能力，远远超过一堂课的内容。

> 习题亲自批改，评定等级，按时发还。讲课概念清晰，逻辑严密，且富有启发性，确实是高水平，学生获益匪浅。……数十年以后，与关肇直、李祖承等年兄谈起来，一致认为赖老师教学认真，要求严格，对我们的成长特别

是做题等基本训练起到了很大作用。

善于联系实际生活是赖朴吾授课的一大特点。在微积分课上，他写下了∫*f*（马）=∫*f*（牛）d 牛的式子，学生们大笑。若干年之后，同学们见到他，还谈起这个式子，无论什么情况下绝不会在这个概念上出错。

在成都燕大上数理统计课，赖朴吾强调列举实例来说明这门课的应用意义。例如在讲到一种能描述偶然事件的特殊函数时，使用德国陆军中每年被马踢而丧生的军人统计数字，与这种函数的曲线非常吻合。这给学生们留下了深刻的印象。

除课堂授课外，赖朴吾还组织课外研究小组。研究小组不仅对数学系的学生有所帮助，也对理化系的学生产生了深远的影响，著名物理学家黄昆[1]于 1937 年进入燕京大学物理系求学，他即是这个小组的组员之一，他曾回忆道：

我上一二年级时，讲微积分课的教师，是位从剑桥大学毕业不久的英国教员，他不仅讲课非常出色，课外对学生也十分关心。出于启发学生对发展科学的追求的目的，

1 黄昆，中国固体物理学先驱，中国半导体技术奠基人。1941 年毕业于燕京大学。历任英国爱丁堡大学物理系、利物浦大学理论物理系研究员，北京大学物理系教授，中国科学院半导体研究所所长、名誉所长等职，受聘过瑞典皇家科学院外籍院士、第三世界科学院院士，中国科学院院士。

> 他出面找了几个优秀生，组织了一个课外研究小组，在课余和他本人一起学一些科学发展的新知识。这个“尖子班”，试图学习“相对论”，学习新兴的“量子力学”及其所带动的一些新的数学方法，主要是矩阵数学。这一活动进行了1年，结果包括这位教员本人在内，对相对论谁都没学懂。不过，在这一过程中，通过学习新知识，探讨科学的最新发展，对培育我对科学的爱好与追求，却很有影响。

黄昆提到的“英国教员”正是赖朴吾。这个课外研究小组直接影响到黄昆毕业论文的写作。黄昆在燕大上学时，量子力学在国内还是一门非常神秘和深奥的学问。通过对图书馆里仅有的基本介绍量子力学的书的自学，黄昆完成了大学时的毕业论文《海森堡和薛定谔量子力学理论的等价性》。这一实践使黄昆开始进入量子力学理论的前沿领域，为他以后的科学研究奠定了坚实的基础。

2. 热爱学生

赖朴吾性情开朗，喜欢与学生来往，对学生和蔼可亲，平易近人，不以师长自居，细心关切学生的一点一滴，多方面帮助学生，成为学生的知心朋友，很多学生都受其影响。

战前，燕京大学教授待遇优越，按其副教授身份，赖朴吾可在燕东园或燕南园住“洋房”，过舒适的欧美式生活。但这不是他的愿望，他愿意利用一切尽可能的机会与学生接触。他宁肯住在单身中国教员宿舍，以便与学生多接触。抗日战争全面爆发后，他更是请求学校准允他住在第二食堂楼下的学生宿舍，以便对学生有更大的帮助。在燕京大学，赖朴吾住着和学生一样的房间，与学生合用浴室，在饭厅亦无特座，这在燕京大学的西方教授中是独一无二的。他不喜欢学生称他为赖先生，而愿直称他拉尔夫。

1949 年和 1950 年春天，燕大蔬菜供应紧张，学生会组织在校园种菜。外国教授中只有赖朴吾和学生一同除草、施肥，而且每次都准时劳动，即使学生迟到，他依旧一个人准时出现。1951 年学校组织教师和学生去天津参观华北物资交流展览会，住在天津工商学院一间地板房子里，赖朴吾和学生一起睡地铺，没特殊待遇。

学生的每点要求与思想他都认真对待，他组织牛津团契，与学生一同省察。他经常邀请学生到他家喝茶谈天，在家里举行家庭聚会，其中有专题座谈，讨论理想与人生观、中国的前途、争取抗战胜利和建设新的国家，与政治上幼稚的学生耐心讨论并进行指导。他热爱体育运动，曾担任燕大体育运动委员会主席，特别重视学生的体育道德。他与著名科学史家李约瑟是好友，促成了曹天钦（生物化学家）得到李约瑟帮助留学深造。成都燕大时期时任数学系助教的关肇直（数学家）因患肺结核曾半年多住在赖朴吾家里，受到他无微不至的照顾。赖朴吾自己很节俭，但是对学生十分慷慨，历史系的学生侯仁之（历史地理学家）得到他的资助实现了自己人生第一次旅行。

三、亲历中国抗战

1. “中国的希望在解放区”

1939 年，日本占领北平，赖朴吾模糊地看到中国的希望在解放区，正好艾黎邀请他去大后方组织“工合”，发展生产支援抗战，赖朴吾毅然决定离开燕大到解放区去。1939 年 7 月 11 日夜，他和燕京大学机器房工人、地下党员萧田（又名萧在田），英籍教师林迈可，学生赵明赫三人在向导的带领下徒步越过西山和妙峰山，穿过国民党封锁线，到达平西挺进军根据地马各庄萧克将军司令部，受到群众和萧克同志的盛情款待。然后他们沿太行山东麓南下到晋察冀司令部，曾和白求恩大夫住一起，帮助白求恩整理、擦洗手术用具，与聂荣臻将军座谈。然后再经过 175 英里的行军，到达了晋东南八路军总部，受到朱德、彭德怀司令员等的接见，在朱德的司令部住了 3 天，还偶遇在司令部当秘书的燕大毕业生龚澎（后成为新中国外交部第一位女司长）。历时 3 个多月，跨越 1000 多英里，最后到达陕西宝鸡与路易・艾黎见面。

四个人中林迈可不会说中文，赖朴吾形容林迈可“聪明、拘泥、固执己见、性情急躁、有胆量”，萧田不会说英文，赖朴吾是重要的翻译，途中曾几次经历生命危险，赖朴吾没有一点怨言，还经常讲笑话，使这次困难重重的艰难跋涉充满快乐气氛。同时，这次旅行使赖朴吾与学生、将军、士兵、农民有了充分的接触。看到原是城市中的学生，为了战争放弃舒适的生活条件来到山里，看到解放区部队官兵都是一样的待遇。对于朱德，赖朴吾以少有的激动心情追述说，“真难想象，朱德和想象中的完全不同，他安静绅士，他的脸睿智和耐心，嘴角时常带着微笑，简直和老农一样”。“一个指挥几万军队的总司令，在自己的司令部里认真倾听一个普通工人三小时的讲话（萧田提出改进技术），这在全世界恐怕也没有第二人。”这些见闻都令赖朴吾赞叹，根据地艰苦抗战的热情给了他极大鼓舞。

> 我们穿过几千英里的解放区，旅行3个月，让我们对中国农民产生了极高的尊重，他们的毅力、耐心和耐力都在我们之上，我们被他们的幽默、友好和勇气深深感染。那些从城市到山区的年轻男女们给我们留下了深刻的印象。在残酷可怕的危险中，他们营养不足，总是生病，身体虚弱，但他们把自己置身于奉献中，他们坚定不移、热情、愉快、有信心、充满希望地工作着，紧张的生活被工作中的乐趣和同志关系点亮了。

3个月的经历使赖朴吾深刻认识到抗战的艰巨，促使他更加积极参加抗日活动。

> 当我们开始旅行的时候，曾认为自己是勇敢的青年探险家；在我旅行结束的时候，觉得自己简直没有什么了不起。普通农民的坚强意志已远远超过我们。游击战士战胜敌人精良装备的能力，以及他们忍受饥饿、疲劳与疾病的毅力，使我们深深地敬佩。那些受过教育的青年男女们，放弃了自己的特权与城市的舒适生活，冒着生命危险，备尝艰辛地在山区作战的爱国精神，让我们明白了我们所从事的冒险和斗争实在是太肤浅了。对我们来说，这次旅行

只是一个令人兴奋的插曲，但对他们来说，游击队的存在就是生活。

关于这次解放区旅行，赖朴吾撰写了《1939 年逃出北平记》，1983 年刊发在《剑桥评论》上。而他的这个报告也帮助当时的燕大校长司徒雷登对共产党有了更深刻与更真实的认识。

2. 协助路易·艾黎的“工合”工作

赖朴吾到达西北地区“工合”的总部——陕西宝鸡后，与路易·艾黎在“工合”工作。由于日本的侵略，中国许多工厂被毁，不少工人失业。艾黎在宋庆龄的鼓舞和支持下，于 1938 年初在上海发起创立“中国工业合作协会”（简称“工合”），在取得国、共两党的支持下，以合作化形式组织人力、物力，从事日用工业品的生产。“工合”是抗日战争时期的经济救亡运动，对战时经济的有力补充。

赖朴吾担任“视察”和“数据分析”的工作，他与艾黎一起跑遍了“工合”西北区、川康区和东南区，途经 60 个城市，不顾辛苦地视察各地“工合”基层单位。每到一地，他们便深入合作社检查业务状况、账目情况，帮助他们建立一套比较完整的财务会计管理制度。同时搜集原始资料，作出大量有说服力的统计材料，这些工作对各地工业合作社业务的健康发展有很大帮助，而且对在国外募捐起了重要作用，以至于 1945 年赖朴吾回英国攻读博士选题时倾向于学习统计学，就与其在“工合”的这段工作经历有关。

太平洋战争爆发以后，原在香港以宋庆龄为名誉主席的“工合”国际委员会迁到成都，赖朴吾又一度担任“工合”国际委员会的会计。1942 年返回燕京大学后，他曾不断地为“工合”工作。十一届三中全会以后他得知“工合”恢复，主动提供线索，使中国“工合”收回了一笔 29 万元港币的外汇，在新的历史时期作出了新的贡献。

1940 年赖朴吾与澳大利亚姑娘齐兰畦在成都成婚，齐兰畦在中国出生，其父斯塔基是一名传教士医生，她在澳大利亚接受部分教育，后长期在中国工作。他们二人有共同的信仰与理想，一样热爱中国，齐兰畦一生支持赖朴吾的事业。

四、成都燕大时期

1. 数学系的中流砥柱

1941 年 12 月 8 日，珍珠港事件发生的当天，燕京大学被迫停办。1942 年燕大在成都复校（1942—1946）。学校设在原华美中学校址，理学院各系课程与华西坝其他四个教会大学联合开设。当时学校规模紧缩，图书设备一无所有，理学院和数学系办公室在校本部大楼三层的一个小房间里，条件艰苦。在这种困难条件下，赖朴吾返回燕大担任数学系教授兼主任，并兼理学院院长。他沉着冷静、有条不紊地处理院务、系务各事，团结兄弟院校，安定人心，保证教学顺利进行。他折冲其间，任劳任怨，起到中流砥柱的作用。

赖朴吾对成都燕大的师资建设和环境改善作出了积极贡献。当时数学系师资缺乏，只有赖朴吾、倪一三、姚志坚几位教师。赖朴吾讲授数理统计和微积分等课程，要亲自批改作业。除日常授课外，他要出席校内外各种会议，并担任“工合”部分工作。赖朴吾住在华西坝，每日骑车上班，经常会遇日机侵扰。1943年夏，曾远荣教授由西南联大来蓉休假，赖朴吾提出让他与吴其玉及梅贻宝校长商讨，促成燕京大学聘曾远荣为数学系客座教授，那年春夏之交，另又聘请关肇直、陈尚义、杜连耀来理学院，增强了数、理两系师资。1943年，在赖朴吾的推动下，燕大与协和医学院合资修建了一座三层楼，取名“中央楼”，燕大理学院占中间一层，用作办公室和教师寝室，改善了燕大教师工作环境。

2. 支持燕大民主学运

在解放区3个月的旅行见闻和“大后方”的鲜明对比增强了赖朴吾对中国共产党的敬佩，在成都燕大期间他同情并积极支持地下党领导的民主运动。早在1943年春，他就曾应学生的要求，介绍他在1939年在抗日根据地的见闻。亲临现场的燕大学生回忆：

> 为了防范特务的窥视，他很小心地在华西坝的燕大理学院大楼里找了一间小课堂，拉上黑布窗幔，开了灯，然后拿出他珍藏的大批照片，沿着他当年走过的路线，指着一张张照片，依次讲解当时的情景。话不多，但很扎实，很有分量。对我们说：“一到那里，就好像到了另一个中国。那里的人民和这里（指当时国民党统治的“大后方”）大不一样。他们很有信心与勇气，很有精神。见到他们，你就会相信，日本人绝征服不了中国。”

1944年成都民主学运展开，他作为理学院院长，又在教职员中有较高的威信，利用这些条件他影响学校领导层，在学校和学生之间做了许多有益的调解工作。赖朴吾参加了燕京大学一个进步的小团契，他赞扬契友们畅谈爱国思想、积极参加正义斗争的活动。赖朴吾住在华西坝外国传教士区，特务不易进入，于是他家就成为进步学生和团体活动的场所。燕京的或华西坝院际间的进步社团、团契等，无论是秘密的还是公开的会议，常借他家开会，他总是给予方便。"创造社"（Creative Team，简称CT）是1944年成立的一个进步学生社团，该社团的发起酝酿、形成、成立以后的会议都是在赖朴吾家完成的。社团创始人之一彭迪（彭启新）是这样回忆赖朴吾在学生运动中所起到的作用的：

> 国民党的军队，在前方抗日不利，兵败如山倒。但国民党的警特在后方却耍威风，对要求抗日和民主的进步运动加紧监视、控制和镇压。"莫谈国事"的禁令到处张贴，捕人的消息，不时传来，校园内外，气氛紧张。那时，我们有一个读书会只好借赖朴吾老师的客厅开会碰头，在他的家里，大谈国事。这些会议，我们没有邀请赖老师参加，他同夫人待在书房或卧室里看书，休息，直到我们散会才出来送客，外面的人都以为他在举行什么文娱茶会。这种掩护作用，我们彼此心照不宣。

赖朴吾就是这样"润物细无声"地支持着燕大的学生运动，是夏仁德[1]之外，燕京大学又一位热情支持学生运动的外籍教师。待1946年燕大复校于北平时，已经形成了一支有一定活动能力和经验的民主运动骨干力量，这与赖朴吾的支持是分不开的。

五、1952年院系调整之前

1945年夏，二战结束，经历过中国抗战的赖朴吾坚信中国一定胜利，他意识到中国经济和教育事业将会得到新的发展，他愿意为新中国的教育尽力，应该在学术上作出更多贡献，为中国培养出更高水平的人才，这样才能为中国更好地服务。于是赖朴吾有新的打算：利用在燕大工作13年后的教师休假时间回英国剑桥大学进修博士学位。

1945年夏天赖朴吾举家回国，有着“工合”的经历，他本想进修应用数学（统计），但到剑桥后发现不可能。于是他跟随原来的老师、著名地球物理学家、英国皇家学会会员杰弗里斯研究地球物理。博士期间，赖朴吾完成了3篇论文：《多孔材料中流体的对流》（1948）、《均匀弹性半空间内由于线光源的辐射造成的干扰》（1949）、《关于液体球体被冷却后收缩的问题》（1952）。

其中第二篇是其重要的工作：这是地学中一个重要问题——“兰姆问题”的研究。1904年兰姆提出了半无限空间内对一个点作用

---

1 夏仁德，美国人，燕京大学心理系教授。20世纪二三十年代，他在青年学生中传播《共产党宣言》，并支援进步学生和解放区的工作。夏仁德始终同情和支援中国人民的解放事业，不但在抗日战争时期对燕京大学地下党给予帮助，而且在“一二·九”运动和解放战争时期的学生运动中，他都站在学生一边，为掩护地下党做了不少工作。

力造成的波场的解，其后虽然 1939 年卡尼亚发表过专题著作，但在 1954 年之前并没有得到普遍关注。赖朴吾进一步发展了兰姆的研究结果，其论文中精确的分析后来在这个领域的研究中被广泛地引用。

博士论文开始了赖朴吾在学术上的研究，后来他在地球物理界成绩斐然，是英国皇家地理学会、英国皇家天文学会会员。这得益于他个人努力以及与杰弗里斯的合作。他与杰弗里斯年龄相差近 20 岁，后同在剑桥大学共事多年，交情很深。杰弗里斯的世界地学名著《地球》，半个多世纪中再版多次，曾多次引用赖朴吾的研究成果。赖朴吾所在的剑桥大学应用数学和理论物理系，由于杰弗里斯的成就成为国际地球物理学研究中心，杰弗里斯退休后，由于赖朴吾在理论地震学方面杰出的贡献，接替了他的职位，保持了该系在国际地球物理学界的中心地位。

1948 年，在博士论文还没有完成时，赖朴吾就回到燕京大学。1949 年他在燕大完成了博士论文，由曹天钦转交给杰弗里斯，杰弗里斯写了评语，随后博士论文通过。在燕大他除教授数学外还兼任学生生活辅导委员会主席（至约 1949 年暑假），这个工作的职责是在学生和学校管理部门之间进行传达调解。赖朴吾清楚这个工作是“无法逃避的职责”，原因是正值国共内战，很多学生在政治上激进（他曾统计过 950 名燕大学生，650 人反对国民党，200 人支持国民党，其余弃权），中国人担任此职务很容易成为国民党关注的目标，而外国人在这方面享有一定的豁免权。为了更好地帮助学生，他搬入学生宿舍，与学生同吃同住。在此期间他协助学生开展护校运动并准备迎接解放。1949 年 5 月，英国军舰“紫石英”号在长江引起冲突，赖朴吾联合校内几位英籍同事给英国政府写信，指出“曲在东方”。

解放前夕，燕大部分学生和教职员工离开了学校。“美国领事馆准备了特殊的轮船撤离美国居民，英国领事馆建议妇女和儿童离开中国。胡适代表国民政府参观了燕京大学，力劝教工人员去南方，考虑撤离全部机构。少数我们的教工人员，美国人和中国人，这个时候逃走了。”但当赖朴吾被问到是否要回英国去，他说他不走，他的全家明年仍然来，原计划不变。不仅自己不走，他还劝想走的人留下来。

学校解放的几天，赖朴吾与燕京大学的教师和学生们留在燕京大学护校。战争打响后的晚上，他和 50 名左右学生挤在一间学生宿舍里避难。当士兵企图打破并翻越学校大门过夜时，赖朴吾和其他几位教授出面劝说士兵不可涉足校园。经过了几天的煎熬，傅作义指挥的国民党部队撤离，共产党的部队到来。对于共产党军队的表现和作风，赖朴吾在他的著作里给予了很高的赞誉。西郊解放后，赖朴吾和学生一起参加了迎接北平解放的活动。他冒着严寒，带领燕京大学的学生合唱团到距离学校 15 英里的钢铁厂参加新年活动。他还参加了 1949 年开国大典和游行。

虽然赖朴吾 1948 年从剑桥归来已经做好一生都在中国度过的准备，但在 1952 年院系调整后，他权衡各种因素，还是作出返回英国的决定。1952 年 6 月下旬，赖朴吾和夫人分别向燕大数学系和外语系递交了辞职信。

六、回国后增进中英友谊

1. 学术成果层出不穷

赖朴吾于1952年8月携全家返回剑桥大学任教，直至1976年退休。在剑桥大学数学系，他历任助教（1953—1956）、讲师（1956—1972）、学监（1957）。1959年剑桥大学成立应用数学和理论物理系，1962—1963年他任系务会议主席，1972年任理论地震学副教授。1955年被选为以马内利学院研究员，曾任院务委员，数学教务主任，还做研究生导师，1972年晋升为副院长。他是一位出色的教师和导师，热爱学生，善于发现外来学生的优势，并能将优势充分利用到科研当中。

学术上赖朴吾逐渐取得了很高成就，他非常擅长与人合作。1955年他开始研究日本地震。1957年他与杰弗里斯合作研究流体内脉冲的反射。1961年，他发表了论文《转角处瑞利波的传递》，这是他又一篇被广泛引用的论文。1963—1964年间，他休假到加州理工学院和诺波夫一起合作研究震源的第一种运动，1964年发表研究成果。1970年前后，他与日本学者佐藤合作发表了一系列关于横向各向同性介质中瑞利波的研究论文。20世纪70年代中期，他和他的研究生哈德森合作研究“把Schwinger-Levine方法应用到弹性动力学之中”的题目，发表了一系列研究成果。1976年他与澳大利亚皇家学会会员安德森合作发表了名为《Sturm-Liouville系统的本征值的渐进分布》的论文。此外还发表了有关地震学和弹性力学的论文。1977年，他和佐藤再次合作发表了一系列《球壳的扭转学的渐进分布》的论文。出版专著《普通微分方程》（1968）、《地球的自由震荡》（1981，与佐美合著）、《瑞雷原理——地球物理学方法》（1981，与安德森合著）。

赖朴吾曾任英联合王国地震学国家分会主席，英国地震协会委员会副主席，国际地震学和地球内部物理学会议首席代表。1966年、1974年他在剑桥主持两次国际数学地球物理学大会。1975年他被指定为国际大地测量和地球物理学联合会（IUGG）委员会的主席，启动确定标准地球模型的项目。这个项目本身是有争议的，最终能成功完成，部分要归功于他的科研能力和外交能力。1975年，他与合作者发表与此相关的研究论文《地球物理数据构成的赖朴吾地球模型》。1981年，第21届国际地震学和地球内部物理学联合会（IASPEI）会议上他应邀作《赖朴吾的标准地球模型》大会主题报告。

2. 回国后积极介绍宣传新中国

1952年回到剑桥大学后，赖朴吾夫妇借所有演讲和写作的机会，介绍新中国的成就和进步。1952年11月，刚刚作为澳大利亚代表参加过北京和平会议的赖夫人就曾受“和平探索论坛”（Peace Quest Forum）之邀赴澳大利亚介绍新中国。已在中国生活35年的她在报告中说：“我经历了中国四个不同的政府系统，现在的是最好的。”并称“今天的中国是个快乐的地方”。1980年3月，赖朴吾夫妇访问澳大利亚，在城市联合教堂表示“对中国、澳大利亚以及世界各国人民间关系的关心”。1981年，赖朴吾去意大利参加同中国交换科学家的团体的国际讨论会，在会上他介绍了中国50年来的科学进步。作为访问学者，赖朴吾曾到过世界多个国家考察各国的地震地形情况，他借所有演讲和写作的机会，在世界各地介绍新中国的成就和进步。在 60 年代欧洲人民反对原子武器运动中，赖朴吾曾和剑桥科学家合著《誓死保卫和平》一书，谴责军备竞赛，原子武器对人类文明是毁灭性的威胁，号召世界人民都起来反对。

1954 年赖朴吾夫妇合著的《经历中国革命》一书出版，讲述了他们多年来在中国的经历和见闻，后又再版。在前言中写道："我们感到让西方——特别是英国有机会知道中国人们对新政府的真实感受是很重要的。"此书被称为 50 年代了解中国的必读书。

赖朴吾夫妇回国后曾四度访华。齐兰畦在 1960 年应中国保卫世界和平大会的邀请访问中国。1964 年应中科院地球物理所邀请，赖朴吾夫妇二人访问中国，随后 1980 年、1982 年、1984 年连续到中国访问。他们每次都带回去大量有说服力的相片和幻灯片，用来介绍新中国的新面貌。

1980 年 5 月，赖朴吾作为英国皇家学会与中国科学院交换的科学家访华。他在科学院、清华大学、北京大学作了多次报告和座谈会，介绍近代数学科学的发展情况，以及剑桥大学的数学教学工作。此外，全国政协国际组还请他在政协礼堂作了一次报告，介绍英国剑桥和牛津两所大学的导师制。随后他们应成都科分院数理研究室（关肇直）之邀飞至成都，讲地球震动理论，同时纪念他们夫妇在蓉结婚 40 周年。这次访华，赖朴吾共会见了 150 多位老朋友。回国后，他撰写了《中国，1980》和《中国：1932—1980》两篇文章，讲述他们的访华经历，着重说明中国巨大的变化与进步，于

1981 年分别发表在《改革》月刊和《剑桥评论》上。

1984 年 4 月，应北京师范学院（现首都师范大学）仓孝和校长之邀来华讲学，原计划作三次讲座。4 月 6 日作第一讲，赖朴吾用自己制作的简易辅助工具介绍他的数学教学经验。后来成为北京四中校长的冯宝万回忆："赖师讲得生动具体，会场上不时发出朗朗笑声。赖师演讲得深入浅出，辅以教具。用纸条剪成的莫比乌斯带来说明数学启迪思维的作用。"课讲完后赖朴吾又热心地回答了听众提出的问题。他还对仓孝和编写的《自然科学史》一书感兴趣，打算写一篇关于张衡的文章。但是这次讲座后因心肌梗死住院，于 4 月 11 日病逝于北京首都医院（协和医院），当时萧克将军已约请他于 4 月 13 日见面。

弥留之际他叮嘱夫人："不要开追悼会，不要树纪念碑，惟一的希望是把骨灰留在中国。"遵照他的遗嘱，他的学生和朋友把他的骨灰安放在北大未名湖畔的山坡旁，并栽了三棵他生前最喜欢的黄刺梅。赖朴吾一生的事业在中国开始，又在中国结束。正如他夫人所说：

> Ralph 永远热爱着中国和中国人民，现在他比以往更成为这个伟大国家的一部分了。

七、结语

赖朴吾首先是虔诚的基督徒，虔诚的宗教信仰是其所有活动的出发点。精神中他追寻真诚、纯洁、无私、爱心，有强烈的正义感和同情心，对维护世界和平有着坚定的信念与不懈的努力。在华17年，他关心中国人民的命运，在是非面前，坚定地站在正义一边，把中国的教育事业当作自己分内之事。遵从了燕京大学的校训："因真理得自由以服务"，如果服务能让人类获益才是有意义的生活。他谦卑诚实，严以律己，以身作则，宽待他人，助人为乐，诚恳朴实，处处有"团契"精神。第一次得知患病时，他声言决不做一个残废人活着，而要尽力做些力所能及的工作。

作为科学家，他留下了丰硕的科研成果；作为老师，他帮助平民学生，提携后进，真心去感染和启迪学生。他勤勤恳恳、踏踏实实帮助中国进步并促进中英友谊，他曾说过："这些年来，我用了很多时间做建立英中友谊的工作，如果我把时间都用在数学上，我可以多写出十本书来。但那只能给少数人看，而建立友谊的工作，意义更大。"他的一生似乎平淡无奇，但秉持一颗纯朴善良的心，坚持高尚的做人道德准则，他为中国的教育事业与中英友好默默贡献一生，正如艾黎把他誉为"英国科学家中一只明亮的火炬"。

（作者：尹晓冬　苏　熹）

参考资料

利玛窦　西学东渐第一师

[1] 利玛窦，金尼阁. 利玛窦中国札记[M]. 何高济，等译. 北京：中华书局，1983.

[2] 罗光. 利玛窦传[M]. 台北：学生书局，1979.

[3] 小野忠重. マテォ·リッチと支那科学[M]. 东京：双林社，1944.

[4] 伊东俊太郎. 文明における科学[M]. 东京：劲草书房，1976.

[5] 洪业. 考利玛窦的世界地图[C] // 洪业论学集. 北京：中华书局，1981.

[6] 今井溱. 乾坤体义杂考[C] // 薮内清，吉田光邦. 明清时代の科学技术史：京都大学人文科学研究所研究报告. 京都：京都大学人文科学研究所，1970.

[7] 梅荣照，王渝生，刘钝. 欧几里得《原本》的传入和对我国明清数学发展的影响[C] // 徐光启研究论文集. 上海：学林出版社，1986.

[8] 梁家勉. 徐光启年谱[M]. 上海：上海古籍出版社，1981.

[9] 山田庆儿. 近代科学的形成与东渐[J]. 科学史译丛，1984 (2).

汤若望　"通玄教师"

[1] J. Foresi (ed.), Historica Narratio de Initio et Progressu Missionis Societatis Jesu apud Chinenses [M]. Vienne, 1665.

[2] J. Foresi (ed.), Historica Relatio de Ortu et Progressu fidei Orthodoxae in Regno Chinensi [M]. Ratisbonne. 1672.

[3] 魏特. 汤若望传[M]. 杨丙辰，译. 台北：台湾商务印书馆，1949.

[4] 费赖之. 入华耶稣会士列传[M]. 冯承钧，译. 长沙：商务印书馆，1938.

[5] 方豪. 中国天主教史人物传[M]. 北京:中华书局,1988.

[6] 方豪. 中西交通史[M]. 长沙:岳麓书社,1987.

[7] 赵尔巽,等. 清史稿[M]. 北京:中华书局,1977.

伟烈亚力　欧洲近代科学的传播者和中国科学史研究的开拓者

[1] 熊月之. 西学东渐与晚清社会[M]. 上海:上海人民出版社,1994.

[2] 李志刚. 基督教早期在华传教史[M]. 台北:台湾商务印书馆,1985.

[3] 卓南生. 中国近代新闻成立史1815—1874 [M]. 东京:株式会社ぺりかん社,1990.

[4] 钱宝琮. 中国数学史[M]. 北京:科学出版社,1981.

[5] 刘钝. 从徐光启到李善兰:以《几何原本》之完璧透视明清文化[J]. 自然辩证法通讯,1989,11 (3):55–63.

[6] William Lockhart. The Medical Missionary in China:A Narrative of Twenty Years' Experience [M]. second edition, London,1862.

[7] 韩琦. 康熙时代传入的西方数学及其对中国数学的影响[D]. 北京:中国科学院自然科学史研究所,1991.

[8] 伊萨克・牛顿. 自然哲学之数学原理・宇宙体系[M]. 王克迪,译. 武汉:武汉出版社,1992.

艾约瑟　致力于中西科技交流的传教士和学者

[1] E. Box. In Memoriam,Rev. Joseph Edkins,D. D. [J]. Chinese Recorder and Missionary Journal,1905,36:282–289.

[2] J. Edkins. Reminiscences and forecasts,or fifty years in China [J]. Chinese Recorder and Missionary Journal,1898,29:519–527.

[3] S. W. Bushell. Obituary Notice:Rev. Joseph Edkins,D. D. [J]. Journal of the

Royal Asiatic Society, 1906, 39: 269–271.
[4] 艾约瑟, 王韬. 格致新学提纲[N]. 教会新报, 台湾华文书局影印, 1968.
[5] 艾约瑟. 地震星见说[N]. 万国公报, 台湾华文书局影印, 1968.
[6] 艾约瑟. 地说二十五则[N]. 教会新报, 台湾华文书局影印, 1968.
[7] 江晓原. 天学真原[M]. 沈阳: 辽宁教育出版社, 1991.
[8] 梁思成. 中国建筑史[M]. 天津: 百花文艺出版社, 1998.
[9] 沈毓桂. 赠英国进士艾约瑟先生四诗[N]. 万国公报, 台湾华文书局影印, 1968.

德日进 科学家、哲学家

[1] Teilhard de Chardin. Letters From a Traveller [M]. Collins, St. Jame' s Place, London, 1962.
[2] Teilhard de Chardin and F. Licent. On the Geology of the Northern, Western and Southern Borders of the Ordos, China [J]. China: Bull. Geol. Soc. Vol. Ⅲ. 1924.
[3] Teilhard de Chardin. Fossil Man in China and Mongolia [J]. New York: Natural History, 1926.
[4] 贾兰坡, 黄慰文. 周口店发掘记[M]. 天津: 天津科技出版社, 1984.
[5] Claude Cuénot. Teilhard de Chardin [M]. Burns and Dates, London, 1965.
[6] Teilhard de Chardin. The Phenomenon of Man [M]. W. Collins Sons & Co. Ltd., New York, 1959.

德贞 东西方医学文化的交流使者

[1] 德贞. 西医举隅[M]. 北京: 京都施医院, 1875.
[2] William Scarborough. Medical Mission [N]. Fuzhou: The Chinese Recorder.

May-June, 1874:142.
[3] 德贞. 全体通考[M]. 北京:同文馆聚珍版,1886.
[4] 丁韪良. 花甲忆记:一位美国传教士眼中的晚清帝国[M]. 沈弘,恽文捷,郝田虎,译. 桂林:广西师范大学出版社,2004.
[5] 德贞. 施医信录[N]. 教会新报,1870 (3):5.
[6] Address and Papers, Dedication Ceremonies and Medical Conference. Peking Union Medical College History Sketch and Description of Building [M]. Peking:Peking Union Medical College Spet. 1922.
[7] 德贞. 脉论[N]. 中西闻见录, 1874 (10).
[8] John Dudgeon. Diet, Dress, and Dwellings of the Chinese in Relation to Health [M]. London: 1884. Printed by William Clowes and Sons, Limited,258.
[9] Dr. John Dudgeon's Report on the Physical Conditions of Peking, and the Habits of the Peking as bearing upon Health[N]. The Customs Gazette Medical Report. Shanghai: July-September, 1872: 39.
[10] J. Dudgeon. The Disease of China, their causes, condition, and prevalence contrasted with those Europe [M]. Glasgow,1875.

谭卫道 法国来华博物学家

[1] 罗桂环. 近代西方识华生物史[M]. 济南:山东教育出版社,2005.
[2] T. Whittle. The Plant Hunters [M]. London: Heinemann, 1970.
[3] B. Scott. Père Jean Pierre Armand David CM [J]. Oceania Vincentian, 2004,5.
[4] A. David,H. M. Fox. Biographical Sketch, from "Abbe David's Diary"[M]. Cambridge:Harvard University Press,1949.
[5] Vincentians. Annales de la Congrégation de la Mission [M]. Paris: Rue de Sevres, 1936.
[6] A. David,H. M. Fox. Abbe David's Diary: Being an Account of the French

Naturalist's Journeys and Observations in China in the Years 1866 to 1869 [M]. Cambridge: Harvard University Press, 1949.

[7] C. Basset. Sur les Traces du Père David [J]. Hommes & Plantes, 2008, 65.

[8] G. Bishop. Travels in Imperial China: The Explorations and Discoveries of Pere David [M]. London: Cassell, 1996.

[9] 曹增友. 法国在华传教士的科技活动及其影响 [J]. 中国科技史料, 1991, 3: 15–23.

[10] 刘华杰. 博物学与地方性知识 [M]. 上海: 华东师范大学出版社, 2010.

赖朴吾　赤诚中国心

[1] J. A. Hudson. Ernest Ralph Lapwood [J]. Quarterly Journal of the Royal Astronomical Society, 1985, 26 (2): 221–222.

[2] Academic to Talk on Christians in China [J]. The Canberra Times, 1974, 4, 27 (10) .

[3] 周舜莘. 他在我的记忆中 [C] // 赖朴吾教授纪念册编委会. 赖朴吾——中国的好朋友. 北京: 北京大学出版社, 1988.

[4] 张注洪. 国际友人在抗日战争中的贡献和作用 [J]. 历史档案, 1998 (03), 113–120.

[5] R. Lapwood. Through the Chinese Revolution [M]. Garden City Press Ltd, 1954.

[6] 李丹阳. 中英回望录: 赖朴吾夫妇的"中国情" [N]. 欧洲时报, 2015–08–01.

[7] E. R. Lapwood. Escape from Peking 1939 [J]. The Cambridge Review, 1983, 1, 28. (赖普吾. 1939年逃出北平记 [J]. 孙幼云, 译. 燕大文史资料, 1990.)

[8] 侯馥兴. 璞吾普吾赖朴吾 [N]. 中华读书报, 2013–06–19 (18) .

[9] 陈永龄. 纪念著名地球物理学家赖朴吾 [C] // 赖朴吾教授纪念册编委会. 赖朴吾——中国的好朋友. 北京: 北京大学出版社, 1988.

[10] E. R. Lapwood. China 1932—1980 [J]. London: Cambridge Review, 1981 (4) .

人名对照表

（按外文姓氏的首字母排序）

A

阿格里科拉——G. Agocla

阿尔 - 法尔加尼——Al-Farghani

林乐知——Young John Allen

路易・艾黎——Rewi Alley

安德森——Bob Anderson

B

查尔斯・巴贝奇——Charles Babbage

巴尔博——G. B. Barbour

伊萨克・巴罗——Isaac Barrow

汤若望——Johann Adam Schall von Bell

蒋友仁——Michel Benoist

亨利・柏格森——Henri Bergson

约瑟夫・贝特朗——Joseph Bertrand

比尔纳茨基——Biernatzki

毕奥——Edouard-Constant Biot

步达生——Davidson Black

埃米尔・布兰查德——Emile Blanchard

第谷——Tycho Brahe

贝勒——E. V. Bretschneider

步日耶——Abbe Breuil

裨治文——Elijah Coleman Bridgman

布尔——Marcellin Boule

C

湛约翰——J. Chalmers

德日进——Pierre Teilhard de Chardin

克拉维斯——Christoph Clavius

科龄——Thomas Cochrane

哥白尼——Nicolaus Copernicus

坎宁安——Ebenezer Cunningham

D

达尔伯特——Luigi D’Albertis

谭卫道——Jean Pierre Armand David

德拉维——Marie Delavay

李玛诺——Emmanuel Diaz

狄拉克——Paul Adrie Maurice Dirac

亨利・德维克——Hery de Vic

多米尼克——Fructueux Dominique

卢公明——Justus Doolittle

马基・多利亚——Marquis Doria

德贞——John Dudgeon

E

艾约瑟——Joseph Edkins

欧几里得——Euclid

F

法赫吉——Paul Farges

费尔古孙——J. Fergusson

费乐德——Roderich de Figueiredo

弗雷切尔——B. Fletcher

福雷斯特——George Forrest

福勒——Ralph Howard Fowler

法兰歇——Adrien Franchet

G

宋君荣——Antoine Gaubil

盖拉尔多——Gherardo

格拉马蒂奇——N. Grammatici

谷阑阶——Granger

兰安生——John Grant

H

斯文·哈定——Sven Hadin

阿勒苏埃——Armand Halsouet

托马斯·哈里奥特——Thomas Harriot

哈维——William Harvey

亨莱因——Petter Henlein

约翰·赫歇尔——John Herschel

合信——Benjamin Hobson

霍纳——Homer

哈德森——John Hudson

伊斯哈克——Ishaq ibn Hunayn

惠更斯——C. Huygens

J

方济各·沙勿略——Francisco Javier

哈罗德·杰弗里斯——Harold Jeffreys

杨格非——Griffith John

儒莲——Stanislas Julien

K

克雷克——William Senhouse Kirkes

诺波夫——Leon Knopoff

戴进贤——Ignatius Kögler

L

兰姆——Lamb

能斯特·赖朴吾——Ernest Lapwood

理雅各——James Legge

罗学宾——Pierre Leroy

桑志华——Emile Licent

林德利——J. Lindley

雒魏林——William Lockhart

林迈可——Michael Lord Lindsay

龙华民——Nicolas Longobardi

罗密士——Elias Loomis

M

约翰·曼德威尔——John Mandeville

丁韪良

——William Alexander Parsons Martin

梅辉立——W. F. Mayers

麦都思——Walter Henry Medhurst

麦华陀——Walter Henry Medhurst

麦卡托——Gerardus Mercator

阿尔方斯——Alphonse Milne-Edwards

爱德华——Henri Milne-Edwards

棣么甘——Augustus De Morgan

马礼逊——Robert Morrison

穆利——Joseph-Martial Mouly

慕维廉——William Muirhead

明斯特堡——O. Münsterberg

N

亨利——Henriqueo Navegador

李约瑟——Joseph Needham

O

奥特柳斯——Abraham Ortelius

乌斯塔莱——Émile Oustalet

P

鲍乃迪——Archimandrite Palladius

庞迪我——Didace de Pantoja

巴夏里——H. Parkes

徐懋德——Andreas Pereira

皮维陀——J. Piveteau

普热瓦利斯基——Nicolai Przewalski

托勒密——Claudius Ptolemaeus

R

罗雅谷——Jacques Rho

理柏罗——Br. Melchior Ribeiro

保罗·鲁菲尼——Paolo Ruffini

利玛窦——Matteo Ricci

洛克——Joseph Rock

罗伊——Jacques Roi

罗明坚——Michele Ruggieri

S

萨克罗博斯科——Johannes de Sacrobosco

夏仁德——Randolph C. Sailer

佐藤——Pyosuke Sato

施古德——G. Schlegel
鲁德照——Alvaro de Semedo
奚安门——Henry Shearman
苏利耶——André Soulié
本杰明・索思韦尔
——Benjamin Southwell
斯托克斯——G. G. Stokes
司徒雷登——John Leighton Stuart
斯塔基——E. J. Stuckey
齐兰畦——Nancy Stuckey
郇和——Robert Swinhoe
赛戈——G. Szego

T

德日进——Père Teilhard de Chardin
邓玉函——Johann Terrenz
梯也尔——Adolphe Thiers
蒂德曼——A. Tidman
汤道平——M. Trasseaert
金尼阁——Nicolas Trigault

U

熊三拔——Sabbathin de Ursis
佐美——Tatsuo Usami

V

王丰肃——Alphonse Vagnoni
范礼安——Alexandre Valignani
南怀仁——Ferdinand Verbiest
维萨里——Andreas Vesalius

W

华莱士——Alfred Wallace
沃里斯——J. Wallis
祎理哲——Richard Quarterman Way
魏登瑞——F. Weidenreich
惠威尔——W. Whewell
韦廉臣——Alexander Williamson
威尔逊——Ernest Wilson
伍德华——Arthur Smith Woodward
雷恩——C. Wren
伟烈亚力——Alexander Wylie

Y

拉塞尔・扬——J. R. Young

Z

师丹斯基——Zdansky